서울대 한국어

Workbook 5B

서울대학교 언어교육원

서울대 한국어 5B Workbook

지은이 서울대학교 언어교육원
편집인 박형만, 윤여선, 임슬기, 양승주
펴낸곳 (주)투판즈
서울특별시 서초구 논현로 87, 5층
Tel (02)2140-2500
Fax (02)2140-2599
www.twoponds.co.kr
등록 1980년 10월 7일 제2004-000086호
디자인 두울스튜디오
초판 1쇄 2012년 3월 1일
11쇄 2020년 12월 1일

정가 ₩ 11,000
ISBN 978-89-539-3449-8

이 도서의 국립중앙도서관 출판시도서목록(CIP)은 서지정보유통지원시스템(http://seoji.nl.go.kr)과 국가자료공동목록시스템(http://www.nl.go.kr/kolisnet)에서 이용하실 수 있습니다.(CIP제어번호 : CIP2012000631)

Written by Language Education Institute, Seoul National University
Published by TWOPONDS Co., Ltd.
Designed by Doool Studio

머리말

〈서울대 한국어 5B Workbook〉은 〈서울대 한국어 5B Student's Book〉의 부교재로, 주교재에서 학습한 내용이 연습을 통해 사용 능력으로 정착되도록 구성하였다. 이를 위해 주교재에서 학습한 어휘, 문법과 표현을 다양한 맥락 속에서 사용해 보고 읽기 심화 학습과 쓰기를 통한 정리 학습이 이루어질 수 있도록 하였다.

어휘는 문장 및 담화 단위의 맥락에서 사용하거나 어휘의 통합 관계를 이해하도록 하는 연습 문제를 제공하였다. 문법과 표현은 문장 단위에서의 정확한 사용뿐만 아니라 담화 단위의 맥락에서도 자연스럽게 사용해 볼 수 있도록 다양한 유형의 연습 문제로 구성하였다. 특히 한국어 담화 상황에서 실제적으로 사용되고 고급 수준의 학습자에게 적절한 언어 표현을 포함한 맥락을 풍부하게 제공함으로써 학습자가 교실 밖에서의 언어 사용 능력으로 용이하게 연계하도록 하였다.

또한 고급 학습자로서의 독해 능력을 향상시키기 위하여 주제와 관련된 읽기 연습을 추가로 제공하여 확장 학습이 가능하도록 하였다. 쓰기는 주로 주교재에서 이루어진 학습 내용을 바탕으로 하여 쓰게 함으로써 쓰기와 연계시켜 학습 내용을 정리할 수 있도록 하였다.

이 책이 완성되기까지 많은 분들의 노력과 수고가 있었다. 오랜 기간에 걸쳐 집필 및 출판 과정에 참여한 교재개발위원회 선생님들의 헌신이 없었다면 책이 만들어질 수 없었을 것이다. 또한 2011년 여름 학기에 수업에서 사용하며 꼼꼼하게 수정해 주신 박지영, 민정원, 하신영, 성석제, 윤수진, 신윤희, 김미연, 이성준 선생님의 노고에 감사를 드린다. 아울러 책이 출판되기까지 오랜 기간 동안 작업을 도와주신 투판즈의 사장님과 도현정 부장님, 박형만 편집팀장님, 양승주 대리님, 윤여선 씨, 임슬기 씨를 비롯한 편집진 여러분께도 고마운 마음을 전한다.

2012. 3.

서울대학교 언어교육원

원장 김 진 완

일러두기

서울대 한국어 5B Workbook은 〈서울대 한국어 5B Student's Book〉의 부교재로 총 7단원 16과로 구성되었다. 한 과는 '어휘와 표현 연습, 문법과 표현 연습, 읽기(또는 쓰기)'로 구성되어 있다.

과별 어휘, 문법, 의사 소통 기술(읽기 또는 쓰기)의 학습 목표가 제시된다.

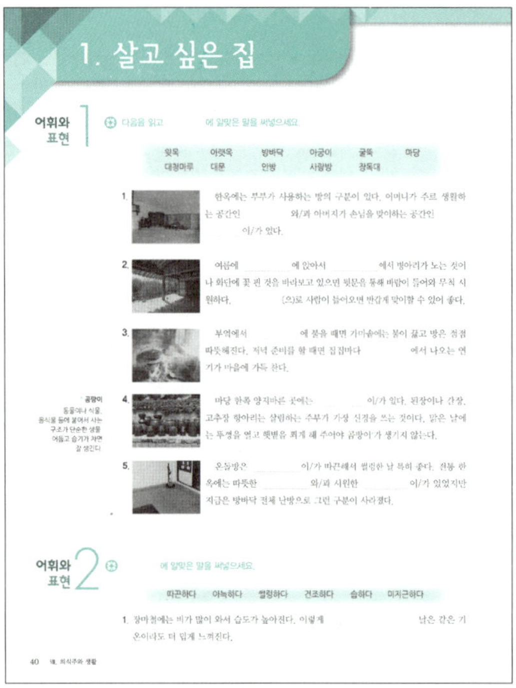

어휘와 표현

문장 단위의 어휘 연습, 담화 단위의 어휘 연습, 어휘의 통합 관계 연습 등으로 구성된다.

1. 문장 단위의 어휘 연습으로, 어휘를 문장 속에서 활용하면서 어휘력을 기르게 한다.

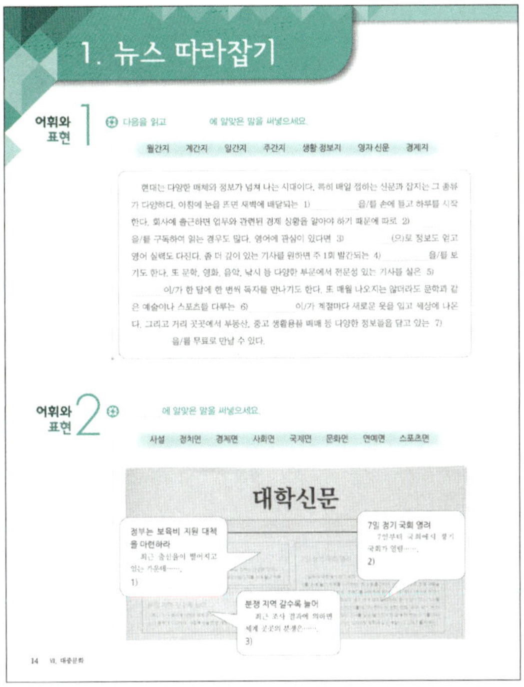

1. 뉴스 따라잡기

어휘와 표현 1 다음을 읽고 ＿＿＿에 알맞은 말을 써넣으세요.

월간지 계간지 일간지 주간지 생활 정보지 영자 신문 경제지

현대는 다양한 매체와 정보가 넘쳐 나는 시대이다. 특히 매일 접하는 신문과 잡지는 그 종류가 다양하다. 아침에 눈을 뜨면 새벽에 배달되는 1)＿＿＿을/를 손에 들고 하루를 시작한다. 회사에 출근하면 업무와 관련된 경제 상황을 알아야 하기 때문에 따로 2)＿＿＿을/를 구독하여 읽는 경우도 많다. 영어에 관심이 있다면 3)＿＿＿(으)로 정보도 얻고 영어 실력도 다진다. 좀 더 깊이 있는 기사를 원하면 주 1회 발간되는 4)＿＿＿을/를 보기도 한다. 또 문학, 영화, 음악, 낚시 등 다양한 부문에서 전문성 있는 기사를 실은 5)＿＿＿이/가 한 달에 한 번씩 독자를 만나기도 한다. 또 매월 나오지는 않더라도 문학과 같은 예술이나 스포츠를 다루는 6)＿＿＿이/가 계절마다 새로운 옷을 입고 세상에 나온다. 그리고 거리 곳곳에서 부동산, 중고 생활용품 매매 등 다양한 정보들을 담고 있는 7)＿＿＿을/를 무료로 만날 수 있다.

어휘와 표현 2 ＿＿＿에 알맞은 말을 써넣으세요.

사설 정치면 경제면 사회면 국제면 문화면 연예면 스포츠면

대학신문

정부는 보육비 지원 대책을 마련하라
최근 출산율이 떨어지고 있는 가운데……
1)

7일 정기 국회 열려
7일부터 국회에서 정기 국회가 열린……
2)

분쟁 지역 갈수록 늘어
최근 조사 결과에 의하면 세계 곳곳의 분쟁은……
3)

14 VI. 대중문화

2. 담화 단위의 어휘 연습으로, 텍스트 내에서의 용법을 익혀서 어휘의 사용 능력을 기르게 한다.

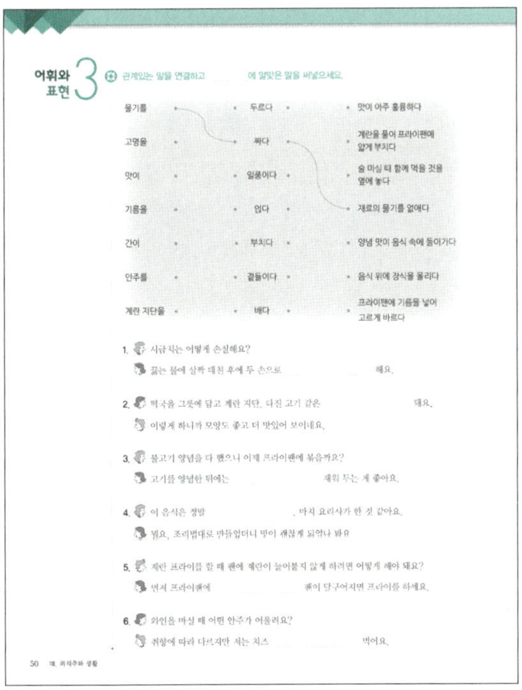

어휘와 표현 3 관계있는 말을 연결하고 ＿＿＿에 알맞은 말을 써넣으세요.

물기를	두르다	맛이 아주 훌륭하다
고명을	짜다	계란을 풀어 프라이팬에 얇게 부치다
맛이	일품이다	술 마실 때 함께 먹을 것을 옆에 놓다
기름을	얹다	재료의 물기를 없애다
간이	부치다	양념 맛이 음식 속에 들어가다
안주를	곁들이다	음식 위에 장식을 올리다
계란 지단을	배다	프라이팬에 기름을 넣어 고르게 바르다

1. 시금치는 어떻게 손질해요?
   끓는 물에 살짝 데친 후에 두 손으로 ＿＿＿ 해요.
2. 떡국을 그릇에 담고 계란 지단, 다진 고기 같은 ＿＿＿ 돼요.
   이렇게 하니까 모양도 좋고 더 맛있어 보이네요.
3. 불고기 양념을 다 했으니 이제 프라이팬에 볶을까요?
   고기를 양념한 뒤에는 ＿＿＿ 재워 두는 게 좋아요.
4. 이 음식은 정말 ＿＿＿. 마치 요리사가 한 것 같아요.
   네요, 조리법대로 만들었더니 맛이 괜찮게 되었나 봐요.
5. 계란 프라이를 할 때 팬에 계란이 눌어붙지 않게 하려면 어떻게 해야 돼요?
   먼저 프라이팬에 ＿＿＿ 팬이 달구어지면 프라이를 하세요.
6. 와인을 마실 때 어떤 안주가 어울려요?
   취향에 따라 다르지만 저는 치즈 ＿＿＿ 먹어요.

50 III. 의식주와 생활

3. 어휘의 통합 관계를 바탕으로 한 연습으로, 어휘의 결합 관계를 익혀서 어휘력을 기르게 한다.

일러두기

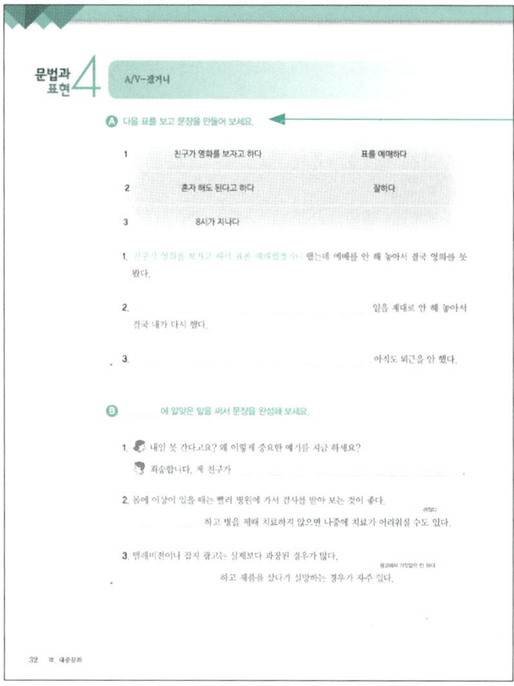
문법과 표현 4

A/V-겠거니

A 다음 표를 보고 문장을 만들어 보세요.

1	친구가 영화를 보자고 하다	표를 예매하다
2	혼자 해도 된다고 하다	잘하다
3	8시가 지나다	

B ___에 알맞은 말을 써서 문장을 완성해 보세요.

● 문법과 표현

문장 단위의 연습, 담화 단위의 연습으로 구성된다.

1. 문장 단위의 연습에서는 목표 문법과 제시어를 활용하여 문장을 생성한다.

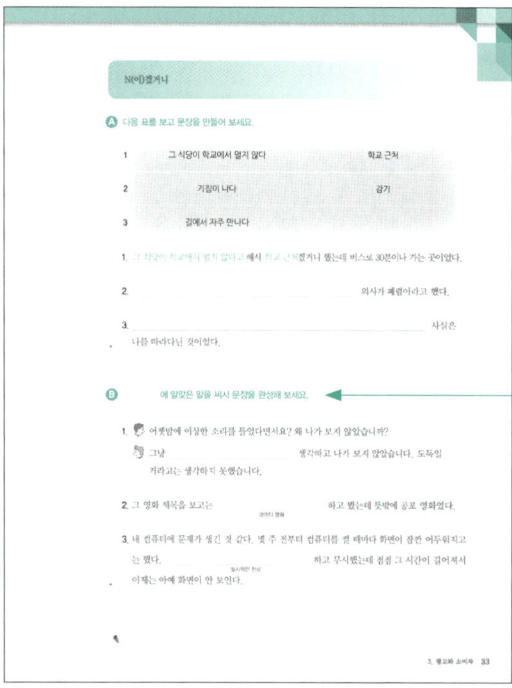
N(이)겠거니

A 다음 표를 보고 문장을 만들어 보세요.

1	그 식당이 학교에서 멀지 않다	학교 근처
2	기침이 나다	감기
3	길에서 자주 만나다	

B ___에 알맞은 말을 써서 문장을 완성해 보세요.

2. 담화 단위의 연습에서는 맥락을 드러내는 짧은 대화나 구절을 이해하여 이를 완성한다.

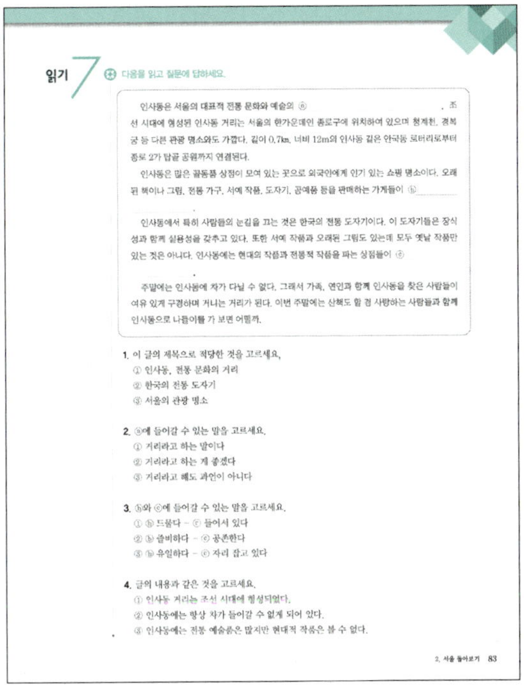

읽기 7 다음을 읽고 질문에 답하세요.

인사동은 서울의 대표적 전통 문화와 예술의 ⓐ ________. 조선 시대에 형성된 인사동 거리는 서울의 한가운데인 종로구에 위치하여 있으며 청계천, 경복궁 등 다른 관광 명소와도 가깝다. 길이 0.7km, 너비 12m의 인사동 길은 안국동 로터리로부터 종로 2가 탑골 공원까지 연결된다.

인사동은 많은 골동품 상점이 모여 있는 곳으로 외국인에게 인기 있는 쇼핑 명소이다. 오래된 책이나 그림, 전통 가구, 서예 작품, 도자기, 공예품 등을 판매하는 가게들이 ⓑ ________.

인사동에서 특히 사람들의 눈길을 끄는 것은 한국의 전통 도자기이다. 이 도자기들은 장식성과 함께 실용성을 갖추고 있다. 또한 서예 작품과 오래된 그림도 있는데 모두 옛날 작품만 있는 것은 아니다. 인사동에는 현대의 작품과 전통적 작품을 파는 상점들이 ⓒ ________.

주말에는 인사동에 차가 다닐 수 없다. 그래서 가족, 연인과 함께 인사동을 찾은 사람들이 여유 있게 구경하며 거니는 거리가 된다. 이번 주말에는 산책도 할 겸 사랑하는 사람들과 함께 인사동으로 나들이를 가 보면 어떨까.

1. 이 글의 제목으로 적당한 것을 고르세요.
   ① 인사동, 전통 문화의 거리
   ② 한국의 전통 도자기
   ③ 서울의 관광 명소

2. ⓐ에 들어갈 수 있는 말을 고르세요.
   ① 거리라고 하는 말이다
   ② 거리라고 하는 게 좋겠다
   ③ 거리라고 해도 과언이 아니다

3. ⓑ와 ⓒ에 들어갈 수 있는 말을 고르세요.
   ① ⓑ 드물다 – ⓒ 들어서 있다
   ② ⓑ 즐비하다 – ⓒ 공존한다
   ③ ⓑ 유일하다 – ⓒ 자리 잡고 있다

4. 글의 내용과 같은 것을 고르세요.
   ① 인사동 거리는 조선 시대에 형성되었다.
   ② 인사동에는 항상 차가 들어갈 수 없게 되어 있다.
   ③ 인사동에는 전통 예술품은 많지만 현대적 작품은 볼 수 없다.

2. 서울 들여보기 83

읽기

목표 어휘와 문법이 포함된 다양한 글을 읽고 문제 풀이를 통해 이해를 확인하는 연습을 한다.

일러두기

쓰기

목표 어휘와 문법을 활용하여 주교재에서 이루어진 학습 내용을 정리하여 쓰도록 한다.

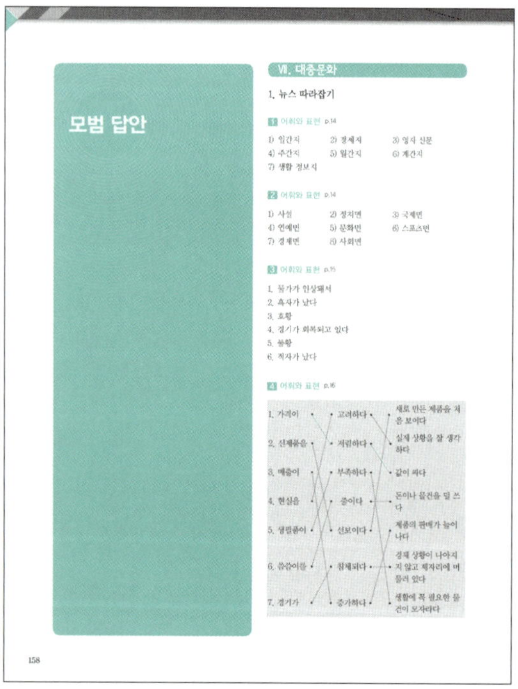

모범 답안

워크북에 제시된 연습 문제의 모범 답안을 확인할 수 있다.

차례 Contents

VII. 대중문화 12

1. 뉴스 따라잡기
2. 영화 속을 걷다
3. 광고와 소비자

VIII. 의식주와 생활 38

1. 살고 싶은 집
2. 음식 여행, 비빔밥
3. 유행하는 옷

IX. 도시와 환경 62

1. 살기 좋은 도시
2. 서울 돌아보기

X. 관념의 세계 84

1. 삶과 운명
2. 세상을 보는 눈

XI. 역사의 발자취 100

1. 한강에 얽힌 역사
2. 이야기 속 인물
3. 여행으로 만나는 세상

XII. 과학과 미래 126

1. 과학 기술과 윤리
2. 생활 속의 발명품

XIII. 문학의 향기 144

1. 옥상의 민들레꽃

모범 답안 156

교재 구성표

제목	문법	어휘	읽기 및 쓰기
Ⅶ. 대중문화			
1. 뉴스 따라잡기	• 뭐니 뭐니 해도 • A/V-(으)리만큼 • N을/를 계기로	신문의 면 유형 및 경제	기사문 형식에 따라 알맞게 연결하기
2. 영화 속을 걷다	• A/V-지(요), 뭐 • 그러더라고(요) • A/V-다는 거야	영화	감동적인 영화를 소개하는 글 쓰기
3. 광고와 소비자	• A/V-겠거니 • 따지고 보면 • 다시 말해서	경제	소비자원에 과장 광고에 대한 상담을 요청하는 글 쓰기
Ⅷ. 의식주와 생활			
1. 살고 싶은 집	• V-(으)려는지 • V-기 십상이다 • A/V-거나 하다	온돌, 날씨, 온도	온돌 체험담 읽고 내용 파악하기
2. 음식 여행, 비빔밥	• N 바람이 불다 • N을/를 막론하고 • N 길이	요리	한국의 국물 문화에 대한 글 읽고 내용 파악하기
3. 유행하는 옷	• N은/는 물론이거니와 • N을/를 말하라면 • N이자 N	옷차림	젊은이의 소비 경향에 대한 논술문 쓰기
Ⅸ. 도시와 환경			
1. 살기 좋은 도시	• 한편으로(는) • V-아/어 내다 • A-(으)ㄴ/V-는 만큼	도시의 환경	살기 좋은 도시에 대해 설명하는 글 쓰기
2. 서울 돌아보기	• A/V-다고 해도 과언이 아니다 • N이/가 눈길을 끌다 • (V-(으)ㄹ 겸) V-(으)ㄹ 겸 (해서)	도시의 거리	인사동 소개 기사 읽고 내용 파악하기

제목	문법	어휘	읽기 및 쓰기
Ⅹ. 관념의 세계			
1. 삶과 운명	• A-기 짝이 없다 • N(이)니 N(이)니 하다 • N 여부	운명	인터넷 카페에서 조언하는 글 쓰기
2. 세상을 보는 눈	• V-다시피 하다 • A/V-(으)ㄴ 나머지 • A/V-(으)ㄹ 법하다	입장과 시각	언어에 나타난 관점에 대한 글 읽고 내용 파악하기
Ⅺ. 역사의 발자취			
1. 한강에 얽힌 역사	• N을/를 바탕으로 • V-고 말다 • 이상에서 본 바와 같이	상황 변화	자기 나라 역사에 대해 정리하여 글 쓰기
2. 이야기 속 인물	• V-(으)ㄴ 후에야 (비로소) • A/V-(으)ㄴ들 • A-(으)ㄴ/V-는 법이다	태도 및 평가	역사 인물 관련 일화를 소개하는 글 쓰기
3. 여행으로 만나는 세상	• A/V-되 • V-노라면 • N은/는 A/V-(으)ㅁ을 말해 주다	경치 및 인상	보성 녹차밭 기행문 읽고 내용 파악하기
Ⅻ. 과학과 미래			
1. 과학 기술과 윤리	• N에 대한 논란이 있다 • A/V-다는 지적이 있다 • A/V-다는 점을 인정하다	생명 윤리와 과학 기술의 성과	인간 복제 허용에 대해 찬반 입장으로 논술문 쓰기
2. 생활 속의 발명품	• N은/는 물론이려니와 • V-기 나름이다 • V-는 추세이나	제품	로봇 청소기 사용 후기 읽고 내용 파악하기
XIII. 문화의 향기			
1. 옥상의 민들레꽃	• A/V-았으면/었으면 하다 • N(이)라고는 • A/V-(으)련만	감정	'옥상의 민들레꽃' 주인공이 되어 편지 쓰기

VII 대중문화

1 뉴스 따라잡기

어휘 신문의 면 유형 및 경제

문법
- 뭐니 뭐니 해도
- A/V-(으)리만큼
- N을/를 계기로

의사소통 기술 기사문 형식에 따라 알맞게 연결하기

2 영화 속을 걷다

어휘 영화

문법
- A/V-지(요), 뭐
- 그러더라고(요)
- A/V-다는 거야

의사소통 기술 감동적인 영화를 소개하는 글 쓰기

3 광고와 소비자

어휘 경제

문법
- A/V-겠거니
- 따지고 보면
- 다시 말해서

의사소통 기술 소비자원에 과장 광고에 대한 상담을 요청하는 글 쓰기

1. 뉴스 따라잡기

어휘와 표현 1

다음을 읽고 ________에 알맞은 말을 써넣으세요.

월간지 계간지 일간지 주간지 생활 정보지 영자 신문 경제지

현대는 다양한 매체와 정보가 넘쳐 나는 시대이다. 특히 매일 접하는 신문과 잡지는 그 종류가 다양하다. 아침에 눈을 뜨면 새벽에 배달되는 1)__________을/를 손에 들고 하루를 시작한다. 회사에 출근하면 업무와 관련된 경제 상황을 알아야 하기 때문에 따로 2)__________을/를 구독하여 읽는 경우도 많다. 영어에 관심이 있다면 3)__________(으)로 정보도 얻고 영어 실력도 다진다. 좀 더 깊이 있는 기사를 원하면 주 1회 발간되는 4)__________을/를 보기도 한다. 또 문학, 영화, 음악, 낚시 등 다양한 부문에서 전문성 있는 기사를 실은 5)__________이/가 한 달에 한 번씩 독자를 만나기도 한다. 또 매월 나오지는 않더라도 문학과 같은 예술이나 스포츠를 다루는 6)__________이/가 계절마다 새로운 옷을 입고 세상에 나온다. 그리고 거리 곳곳에서 부동산, 중고 생활용품 매매 등 다양한 정보들을 담고 있는 7)__________을/를 무료로 만날 수 있다.

어휘와 표현 2

________에 알맞은 말을 써넣으세요.

사설 정치면 경제면 사회면 국제면 문화면 연예면 스포츠면

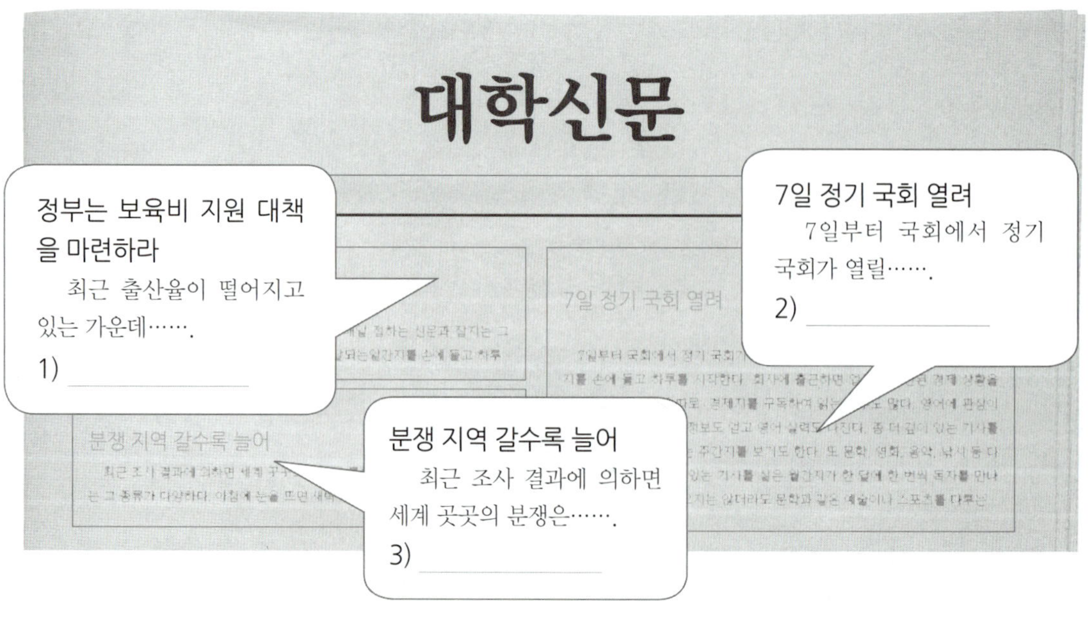

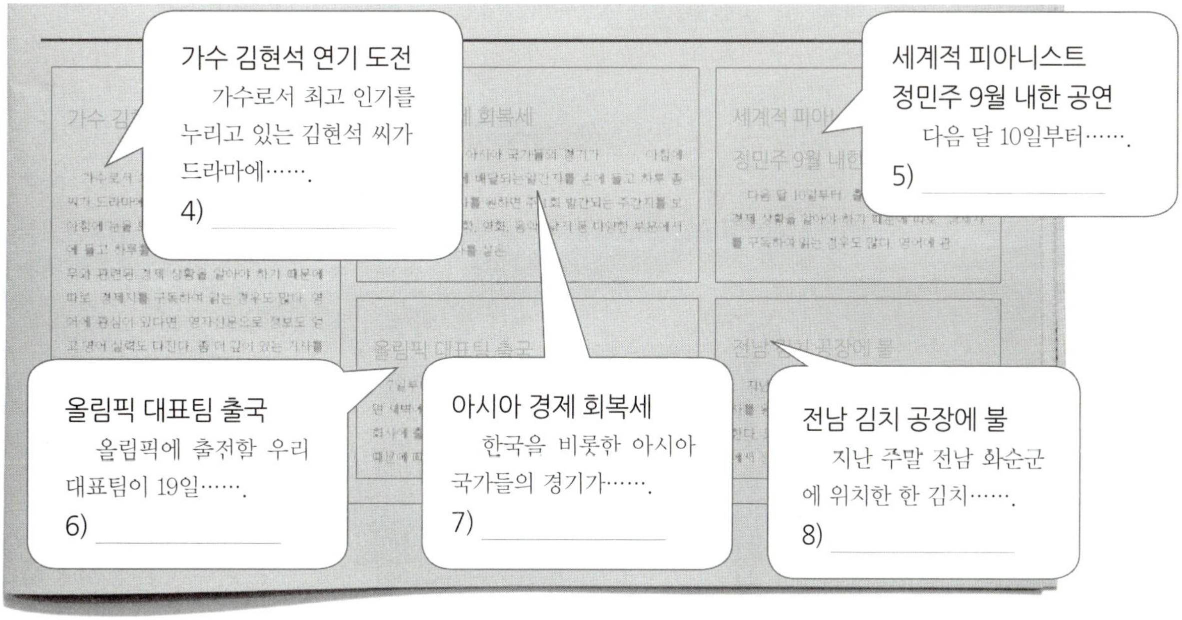

어휘와 표현 3

________에 알맞은 말을 써넣으세요.

호황　불황　흑자가 나다　적자가 나다　경기가 회복되다　물가가 인상되다

1. 요즘 생필품값이 계속 오르고 있다. 수입은 그대로인데 ________ 생활하기가 어렵다.

2. 정부는 지난해 같은 기간에 비해 수입은 줄고 수출은 늘어서 전체 무역 수지*에 ________ 고 발표했다.

3. 반도체(24.9%), 자동차(19.0%) 등 주요 품목들의 수출이 증가하면서 한국 경제는 3년 전 수준을 회복하여 현재 ________을/를 누리고 있다.

4. 부동산값이 오르고 기업의 매출이 증가하고 있지만 많은 사람들의 기대와는 달리 아직 ________는 확실한 증거는 없다.

5. ________이/가 계속되면서 실업률이 지속적으로 증가하고 있어서 정부가 대책 마련에 고심하고 있다.

6. 지난달에는 이사하면서 냉장고, 세탁기 같은 가전제품을 구입하느라 지출이 많아져서 ________.

* 무역 수지
수출과 수입에 따른 이익이나 손해.

어휘와 표현 4

관계있는 말을 연결하고 ______에 알맞은 말을 써넣으세요.

1 가격이	고려하다	새로 만든 제품을 처음 보이다
2 신제품을	저렴하다	실제 상황을 잘 생각하다
3 매출이	부족하다	값이 싸다
4 현실을	줄이다	돈이나 물건을 덜 쓰다
5 생필품이	선보이다	제품의 판매가 늘어나다
6 씀씀이를	침체되다	경제 상황이 나아지지 않고 제자리에 머물러 있다
7 경기가	증가하다	생활에 꼭 필요한 물건이 모자라다

1. 같은 성능을 가졌다면 소비자로서는 당연히 ______ 제품을 선호하기 때문에 기업들은 가격을 낮추려는 노력을 계속하고 있다.

2. 여름 성수기를 맞아 각 가전제품 회사들은 일제히 새로 개발한 냉장고와 에어컨 ______ 있다.

3. 추위가 시작되면서 백화점과 가전제품 매장에서 각종 난방용품의 ______ 있는 것으로 조사되었다.

4. 새로운 사업을 준비할 때 무엇보다 중요한 것은 꼼꼼하게 사전 조사를 함으로써 철저히 ______ 계획을 세워야 한다는 점이다.

5. 지난달 발생한 지진으로 많은 피해를 입은 이곳은 현재 의약품은 물론이고 기본적인 ______ 전 세계의 도움이 절실히 필요하다.

6. 불황이 길어지면서 좀처럼 경기가 회복될 기미가 보이지 않자 지금까지도 지출을 억제해 온 소비자들은 더욱 ______ 있다.

7. 최근 ______ 각 대기업에서는 하반기 신입 사원 채용 인원을 줄이고 있다.

문법과 표현 5

뭐니 뭐니 해도

A 관계있는 말을 연결하고 문장을 만들어 보세요.

1	음식을 맛있게 하다	운동을 하다
2	감기가 빨리 낫다	재료가 좋다
3	다이어트에 성공하다	휴식을 취하다
4	휴가를 즐겁게 보내다	바닷가에 가다

1. 음식을 맛있게 하려면 뭐니 뭐니 해도 재료가 좋아야 한다.

2. ______________________________.

3. ______________________________.

4. ______________________________.

B ________ 에 알맞은 말을 써서 문장을 완성해 보세요.

1. 한국 사회에 대해 좀 더 공부하고 싶은데 뭘 보면 좋을까요?

   ______________________________.

2. 아이들에게는 ______________ 이 최고

   맞벌이 부부의 경우 '양보다 질'이라고 생각하고 아이가 원하는 것은 뭐든지 해 주려고 하지만 아무것도 안 하더라도 좀 더 긴 시간 아이 옆에 있어 주는 것이 중요하다는 연구 결과가 나왔다. 아이들에게는 부모님의 사랑만큼 좋은 것은 없다는…….

3. 재테크 방법으로 ______________ 을 선호

직장인 1,000명을 대상으로 실시한 이번 조사 결과에 따르면, 응답자의 과반수가 현재 재테크 방법으로 저축을 하고 있다고 응답한 것으로 나타났다. 부동산이나 주식에 투자하는 사람은 소수에 그쳤고 대부분의 직장인은 재테크 방법으로 저축을 선호하고 있는 것으로…….

문법과 표현 6

A/V-(으)리만큼, A/V-(으)리만치

A 다음 표를 보고 문장을 만들어 보세요.

1	일어설 힘도 없다	지치다
2	비교할 사람이 없다	아름답다
3	믿을 수 없다	많은 관객이 들다
4	생각하기조차 싫다	

1. 너무 일을 많이 해서 그날은 일어설 힘도 없으리만큼[없으리만치] 지쳐 있었다.

2. 그 여자는 주변에 ______________.

3. 개봉 전부터 화제가 되었던 이 영화는 ______________ ______________.

4. 가족이 죽는다는 것은 누구에게나 ______________ ______________.

B ______에 알맞은 말을 써서 문장을 완성해 보세요.

1. 잘못 보도된 기사로 많은 사람들이 피해를 입었다는데, 어떻게 생각하세요?

   피해자가 아닌 저도 ______________________ 기분 나쁜 일이라고 생각해요.

2. 그는 지금 성공한 사업가이지만 한때 ______________________(인생을 포기하고 싶다)

   힘든 시기가 있었다고 한다. 요즘도 ______________________(다시 돌아가고 싶지 않다)

   어두웠던 그때를 생각하면 아직도 두려움을 느낄 정도라고 한다.

3. 여기자가 전쟁터에 취재를 하러 간다고 했을 때 많은 사람들이 말렸다. 하지만 그녀는 사람들의 걱정을 뒤로 하고 당당하게 일을 하러 떠났다. 그리고 전쟁터의 삶과 죽음에 대해 ______________________(감동적이다) 생생한 기사를 썼다.

문법과 표현 7

N을/를 계기로

A 다음 표를 보고 문장을 만들어 보세요.

1	한국인 친구를 만나다	한국어를 공부하다
2	놓친 버스를 따라 달리다	육상을 시작하다
3		직업을 바꾸다

1. 그는 한국인 친구를 만난 것을 계기로 한국어를 공부하게 되었다.

2. 영국의 한 선수는 ______________________

   ______________________.

3. 그는 ______________________

   ______________________.

B ________에 알맞은 말을 써서 문장을 완성해 보세요.

1. 어떻게 세계의 재해 지역 난민을 돕는 일을 시작하게 되었어요?

   ____.

   ____.

2. 나는 친구가 권해 준 책을 읽고 우리 사회의 현실에 대해 새로운 시각을 갖게 되었다. ________ ____________(그 일) 사회 문제에 대해 깊은 관심을 가지고 사회학을 전공하게 되었다.

A-(으)ㄴ/V-는 계기가 되다

A 다음 표를 보고 문장을 만들어 보세요.

1	장애인 시설을 방문하다	자원봉사 활동을 시작하다
2	노래를 잘한다는 칭찬을 듣다	성악을 전공하다
3		내 인생의 방향을 바꾸다

1. 우연히 장애인 시설을 방문한 것이 자원봉사 활동을 시작하는 계기가 되었다.

2. 중학교 때 ____.

3. ____.

B ________에 알맞은 말을 써서 문장을 완성해 보세요.

1. 어떻게 한국어를 배우게 되었어요?

   ____.

2. 그는 어렸을 때 할머니가 오랫동안 병으로 고생하시는 것을 보며 자랐는데 그것이 ________________________. 그는 의사가 된 후에도 환자를
(의사가 되기로 결심하다)
볼 때마다 할머니를 떠올리며 정성을 다해 진료를 하고 있다.

읽기 8

다음 신문 기사의 제목에 알맞은 전문과 본문을 연결해 보세요.

1. (①) – ( ) – ( )
2. (②) – ( ) – ( )
3. (③) – ( ) – ( )

① 햄버거의 위험
식중독으로 하반신 마비

② 어린이 보호 구역 교통사고 처벌 강화
7월 1일부터 어린이 보호 구역 내 교통사고 처벌 강화 홍보

③ 국제 지구 과학 올림피아드, 한국 대표팀 전원 '메달'

ⓐ 서울시는 오는 7월 1일부터 어린이 보호 구역(School Zone) 안에서 일어나는 교통사고에 대한 처벌이 훨씬 더 강화될 것임을 발표하면서 이를 시민들에게 적극적으로 알리기로 했다.

ⓑ 뉴욕 타임스(NYT)는 미국에서 매년 수만 명이 냉동 햄버거 고기를 먹고 병원성 대장균 O157에 감염되고 있다고 지난 7일 보도했다.

ⓒ 세계의 우수한 과학 영재들이 모여 실력을 겨루는 국제 지구 과학 올림피아드에서 우리나라 대표단 전원이 메달을 획득했다.

㉮ NYT는 지난해 가을 냉동 햄버거 고기를 먹은 한 청년이 식중독에 걸려 하반신이 마비됐다고 보도했다. 이 청년은 당시 집에서 햄버거 고기를 구워 먹은 뒤 심한 복통을 느껴 병원에서 치료를 받은 것으로 알려졌다.

㉯ 지난 15일 개막한 제O회 국제 지구 과학 올림피아드에서 한국을 대표하여 참가한 학생 전원이 메달을 따는 우수한 성적을 거둔 것으로 알려졌다. 금메달에 서울 △△고등학교 1학년 최○○ 군, 은메달에 한국과학영재학교 2학년 육○○ 군과 세종과학고 2학년 정○○ 군…….

㉰ 이에 따라 다음 달부터 어린이 보호 구역 안에서 교통사고를 내면 중대 법규를 위반한 것이 된다. 지금까지는 어린이 보호 구역에서 발생한 단순 교통사고의 경우 과속이나 중앙선 침범 등과 같은 중과실 항목에 포함되지 않았다. 그러나…….

2. 영화 속을 걷다

어휘와 표현 1

다음을 읽고 ________ 에 알맞은 말을 써넣으세요.

장르　감독　주연　조연　관객　줄거리　상영 시간　관람 등급　개봉

영화 '내 친구', '바람 소리', '남자와 여자' 등을 만든 곽신우 1)__________ 이/가 올 가을 새로운 영화를 가지고 2)__________ 들을 찾아온다. 영화 '아침 이슬'은 두 남녀의 소박한 사랑 이야기를 잔잔한 웃음과 함께 보여 주는 로맨틱 코미디 3)__________ 의 영화이다. 4)__________ 150분이 빠른 진행과 화려한 액션에 익숙해진 요즘 젊은이들에게는 조금 지루할 수도 있다. 하지만 소박하고 아름다운 사랑을 꿈꿔 온 남녀라면 꼭 한번 봐야 할 영화가 아닐까 한다. 5)__________ 은/는 15세 이상으로 결정되었고 다음 달 15일에 전국에서 동시에 6)__________ 할 예정이다. 이 영화의 7)__________ 은/는 어린 시절 산골 마을에서 만난 두 소년 소녀가 성장하여 서울에서 우연히 다시 만나 사랑하게 된다는 내용인데 감독의 뛰어난 연출력으로 관객들에게 잔잔한 감동을 안겨 준다. 인기 배우 김세중 씨와 이희수 씨가 8)__________ 을/를 맡아 소년 소녀의 성장한 모습을 연기한다. 그 밖에 고아림, 박세경, 유찬희 등 유명한 중견 배우들이 9)__________ (으)로 나와 주인공들의 연기를 더 빛내 준다.

어휘와 표현 2

________ 에 알맞은 말을 써넣으세요.

인물　배경　대사　지문

1. 배우가 아무리 많이 연습해도 연극 무대에 서면 가끔 __________ 을/를 잊어버리는 경우가 많다. 이런 경우에도 당황하지 않고 자연스럽게 넘기는 배우가 진정한 배우라고 할 수 있다.

2. 이번에 서울카메라에서 새로 나온 카메라는 이전 모델에 비해 __________ 촬영 기능이 뛰어나다. 어두운 곳이나 햇빛이 강한 곳에서도 사람의 표정 하나하나를 잘 잡아 준다.

3. 영화와 그 영화의 시나리오를 비교해 보면 가끔 재미있는 것을 발견한다. 배우의 실제 연기와 시나리오상의 __________ 이/가 다른 것이 그것인데 이것은 영화를 찍을 때 필요한 경우 감독이 현장에서 시나리오를 수정해서 찍기 때문에 생기는 일이다.

4. 소설 〈임꺽정〉은 지방 관리와 양반들의 횡포로 일반 백성들의 생활이 어렵던 조선 시대 중기를 ________(으)로 하고 있다.

어휘와 표현 3

관계있는 말을 연결하고 ________에 알맞은 말을 써넣으세요.

가슴이 •	• 고이다 •	• 눈에 눈물이 차다
마음을 •	• 벅차오르다 •	• 흔들리는 마음을 바로잡다
눈물이 •	• 가로젓다 •	• 정신없이 열중하여 보다
생각에 •	• 추스르다 •	• 큰 감격이나 기쁨으로 가슴이 가득차다
고개를 •	• 보다 •	• 거절, 부정의 뜻으로 머리를 좌우로 흔들다
넋을 잃고 •	• 사로잡히다 •	• 한 가지 생각으로 마음이 모두 쏠리다

1. 4년 동안 온갖 고생을 하며 영화를 찍었는데 내가 찍은 영화가 드디어 내일 개봉된다고 하니 정말 ________________.

2. 신랑은 웨딩드레스를 입은 신부의 모습이 아름다워서 한참 동안 정신을 못 차리고 ________________.

3. 수미는 남자 친구와 헤어지고 한동안 큰 슬픔에 빠져 있었지만 곧 ________________ 다시 공부에 집중하기 시작했다.

4. 영화에서 사랑하는 남녀가 어쩔 수 없이 헤어지는 순간, 극장에 모인 관객들의 눈에 ________________.

5. 환자가 회복할 수 있겠느냐를 묻는 가족들의 질문에 의사는 ________________ 오늘 밤이 고비라고 대답했다.

6. 쇼핑 중독증에 걸린 사람들은 한번 어떤 물건을 사야겠다는 ____________________ 벗어나려고 아무리 노력해도 소용이 없고 결국 그 물건을 사게 된다.

문법과 표현 4

A/V-지(요), 뭐

A 다음 표를 보고 문장을 만들어 보세요.

1	버스가 끊기다	택시를 타다
2	표가 다 팔리다	다른 영화를 보다
3	전화를 안 받다	내일 다시 전화해서 알려 주다
4	시험공부를 안 하다	

1. 시간이 늦어서 버스가 끊겼는데 어떻게 하지?
   택시를 타지, 뭐.

2. ____________________?
   ____________________.

3. ____________________?
   ____________________.

4. ____________________?
   ____________________.

B ________에 알맞은 말을 써서 문장을 완성해 보세요.

1. 수지 씨가 왜 안 올까요? 이제 영화가 곧 시작할 텐데. 좀 더 기다릴까요?
   ________________. 그냥 우리 먼저 들어갑시다.

2. 저는 그 영화를 봤는데 다른 영화 보면 안 돼요?
   저도 꼭 그 영화를 보고 싶었던 것은 아니에요. ________________.

3. 수지야, 내일 시간이 없을 거 같은데 다른 날 가구를 옮겨 주면 안 될까?
   괜찮아. 바쁘면 안 도와줘도 돼. 별로 무겁지 않으니까 ________________.

문법과 표현 5

그러더라고(요)

A 다음 표를 보고 문장을 만들어 보세요.

1	수미하고 영화 보러 안 가다	공포 영화를 싫어하다
2	보고서를 다시 쓰고 있다	내용이 부족하다
3	민수가 회사를 옮기다	적성에 안 맞다
4	마이클이 고향에 가다	

1. 수미하고 영화 보러 안 갔어? 간다고 했잖아?
   응. 그런데 수미는 공포 영화를 싫어한다고 그러더라고.

2. ________________________________?
   ________________________________.

3. ______________________________?

______________________________.

4. ______________________________?

______________________________.

B ________에 알맞은 말을 써서 문장을 완성해 보세요.

1. 마이클 씨, 전자사전 산다고 하더니 아직 안 샀어요?

네. 사러 갔는데 직원이 곧 새로운 모델이 나온다면서 ______________________________.

2. 수지 씨, 6시 공연이니까 5시쯤 출발하면 되겠지요?

아니요. 오늘은 좀 서둘러야겠어요. 민수 씨가 오늘 토요일이라서 길이 막히니까 ______________________________.

3. 민수야, 요즘 단어 공부 어떻게 하고 있어? 나는 단어 실력이 늘지 않아 고민이야.

이번 달부터 신문을 정기 구독하려고 해. 한국어 단어 공부에는 신문 읽기가 ______________________________.

문법과 표현 6

A/V-다는 거야[거예요]

A 다음 표를 보고 문장을 만들어 보세요.

1	화가 나다	카메라를 바꾸러 가다
2	한숨을 쉬다	여러 번 얘기하다
3	속상해 하다	모자를 빌려주다
4	왔다 갔다 하다	

1. 민수 씨, 왜 이렇게 화가 났어요?

글쎄, 어제 산 카메라를 바꾸러 갔는데 바꿔 줄 수 없다는 거예요.

2. ______________________________?

______________________________.

3. ______________________________?

______________________________.

4. ______________________________?

______________________________.

B ______에 알맞은 말을 써서 문장을 완성해 보세요.

1. 마이클과 같이 점심 먹기로 했다면서? 특별한 일 있어?

다른 게 아니라, ______________________________.
그래서 점심 같이 먹기로 했어.

2. 어제 영화 보러 갔다면서요? 어떤 영화 봤어요?

영화 못 봤어요. ______________________________
______________. 요즘은 평일에도 영화 보는 사람이 많은가 봐요.

3. 수지야, 무슨 일 있어? 기분이 안 좋아 보이네.

응. 쇼핑몰에서 옷을 구경하다가 마음에 드는 옷이 있어서 입어 보려고 했는데 가게 주인이 ______________________________. 어떻게 옷을 사면서 안 입어 보고 살 수 있어?

쓰기 7

여러분이 재미있게 보거나 감동을 받은 영화에 대해 소개해 보세요.

File Edit View Favorites Tools Help

MJ MOVIE MJ무비

영화 다운로드 | 인기 순위 TOP 100 | VOD 영화관 | 이벤트

인기 영화 HOT
영화 소개
한국 영화
외국 영화
HD 영화

아저씨 ACTION

정보 : 한국 / 영화 / 액션
시간 : 132분
등급 : 청소년 관람 불가
감독 : 이정범
출연 : 원빈, 김새론

이 영화 평점 9.09

김○○ ★★★★☆ 8.65
이△△ ★★★★★ 9.40
박□□ ★★★★★ 9.23

제목

______

감독

______

주연

______

장르

______

상영 시간

______

관람 등급

______

줄거리

______

______

______

______

3. 광고와 소비자

어휘와 표현 1

다음을 읽고 ________에 알맞은 말을 써넣으세요.

소비하다　판매하다　생산하다　정가　투자　일자리 창출

'나눔재단'에서는 노숙자들의 자립을 돕기 위해 여러 가지 활동을 하고 있다. 그중 특히 큰 효과를 보고 있는 것은 노숙자들을 위한 1)__________을/를 위해 휴지 공장을 설립하여 운영하는 것이다. 이 공장은 서울시와 '나눔재단'이 같이 50%씩 2)__________하여 설립한 공장인데 생산직 직원은 모두 노숙자 출신이다. 여기에서는 매달 1만 개 정도의 휴지를 3)__________ 주로 공공 기관이나 학교 등에 4)__________. 보통 시중에서 판매되는 휴지의 5)__________보다 싼 가격에 팔기 때문에 이 휴지를 6)__________ 것은 공공 기관이나 학교 측에도 이익이 된다.

어휘와 표현 2

관계있는 것끼리 연결하고 ________에 알맞은 말을 써넣으세요.

가격을 •	• 막대하다 •	• 이익이 엄청나게 크거나 많다
그럴듯하게 •	• 인상하다 •	• 물건값을 낮아지게 하다
이익이 •	• 따지다 •	• 옳고 그른 것을 밝혀내다
눈을 •	• 포장하다 •	• 물건의 값을 올리다
잘잘못을 •	• 낮추다 •	• 좋다고 여길 만하게 꾸미다
물가를 •	• 속이다 •	• 수단을 써서 속게 하다

(예시: 가격을 — 인상하다 — 물건의 값을 올리다)

1. 국제 유가가 올라감에 따라 정유사들이 일제히 ____________________.

2. 소비자 물가가 너무 높아서 서민들이 생활에 어려움을 겪자 정부가 ____________________ ____________________ 위해 직접 개입하기로 했다.

3. 기업들이 많은 비용을 들여 광고를 하는 이유는 광고의 효과를 통해 벌어들이는 ______________________ 때문이다.

4. 그 영화는 별로 잘 만든 영화가 아닌데 출연 배우가 홍보에 나서고 공들여 영화 포스터를 찍는 등 ______________________ 덕분에 상당히 많은 사람들이 봤다.

5. 이번에 경찰에 고발당한 정육점들은 실제 양보다 무게가 더 나가는 저울로 소비자들의 ______________________ 것으로 밝혀졌다.

6. 한국소비자원은 소비자가 과장 광고나 허위 광고를 통해 피해를 본 경우 광고를 낸 회사의 ______________________ 일을 한다.

어휘와 표현 3

다음을 읽고 ________에 알맞은 말을 써넣으세요.

혜택　　낭비　　효과　　질　　단가

광고가 꼭 필요한 것인가에 대해서는 오랫동안 논의가 있어 왔다. 소비자에게 어떤 1)__________을/를 주는가가 가장 큰 논쟁거리였다. 광고가 상품 판매를 증가시키는 2)__________이/가 있다는 것은 분명하기 때문에 기업 입장에서는 꼭 필요한 것이다. 하지만 소비자 입장에서는 광고가 필요 없는 물건을 사게 만들어 3)__________을/를 부추기는 일면이 있다. 또한 광고 비용이 상품 4)__________에 포함됨에 따라 광고를 많이 할수록 상품의 5)__________은/는 별로 개선되지 않은 상태에서 가격만 올라가는 부작용을 일으키기도 한다는 의견이 있다.

문법과 표현 4

A/V-겠거니

A 다음 표를 보고 문장을 만들어 보세요.

1	친구가 영화를 보자고 하다	표를 예매하다
2	혼자 해도 된다고 하다	잘하다
3	8시가 지나다	

1. 친구가 영화를 보자고 해서 표를 예매했겠거니 했는데 예매를 안 해 놓아서 결국 영화를 못 봤다.

2. ______________________________ 일을 제대로 안 해 놓아서 결국 내가 다시 했다.

3. ______________________________ 아직도 퇴근을 안 했다.

B ________에 알맞은 말을 써서 문장을 완성해 보세요.

1. 내일 못 간다고요? 왜 이렇게 중요한 얘기를 지금 하세요?

   죄송합니다. 제 친구가 ______________________________.

2. 몸에 이상이 있을 때는 빨리 병원에 가서 검사를 받아 보는 것이 좋다. ______________ (괜찮다) ______________ 하고 병을 제때 치료하지 않으면 나중에 치료가 어려워질 수도 있다.

3. 텔레비전이나 잡지 광고는 실제보다 과장된 경우가 많다. ______________ (광고에서 거짓말은 안 하다) ______________ 하고 제품을 샀다가 실망하는 경우가 자주 있다.

N(이)겠거니

A 다음 표를 보고 문장을 만들어 보세요.

1	그 식당이 학교에서 멀지 않다	학교 근처
2	기침이 나다	감기
3	길에서 자주 만나다	

1. 그 식당이 학교에서 멀지 않다고 해서 학교 근처겠거니 했는데 버스로 30분이나 가는 곳이었다.

2. ______________________________ 의사가 폐렴이라고 했다.

3. ______________________________ 사실은 나를 따라다닌 것이었다.

B ______에 알맞은 말을 써서 문장을 완성해 보세요.

1. 어젯밤에 이상한 소리를 들었다면서요? 왜 나가 보지 않았습니까?

   그냥 ______________ 생각하고 나가 보지 않았습니다. 도둑일 거라고는 생각하지 못했습니다.

2. 그 영화 제목을 보고는 ______________ 하고 봤는데 뜻밖에 공포 영화였다.
   (코미디 영화)

3. 내 컴퓨터에 문제가 생긴 것 같다. 몇 주 전부터 컴퓨터를 켤 때마다 화면이 잠깐 어두워지고는 했다. ______________ 하고 무시했는데 섬섬 그 시간이 길어져서 이제는 아예 화면이 안 보인다.
   (일시적인 현상)

문법과 표현 5

따지고 보면

A 다음 표를 보고 문장을 만들어 보세요.

1	국산 제품을 써야 한다	요즘은 100% 국산은 없다
2	여자가 차별받는다	오히려 남자가 차별받다
3	두 사람이 닮았다	다른 점이 더 많다
4	이 자동차가 비싸다	

1. 국산 제품을 써야 한다고 하는 사람들이 많은데 따지고 보면 요즘은 100% 국산은 없다고 할 수 있다.

2. ____.

3. ____.

4. ____.

B ________에 알맞은 말을 써서 문장을 완성해 보세요.

1. 여행사의 실수로 이번에 마이클 씨가 여행을 못 가게 되었다고 들었어요.
   네. 하지만 마이클 씨가 휴대 전화를 꺼 놓았으니까 ______________________.

2. 작년에 비해 올해 근로자 임금이 평균 5% 정도 올랐다고 정부가 발표했다. 하지만 물가는 더 많이 올랐기 때문에 ______________________.

3. 요즘 이동 통신 회사들의 경쟁이 심하다. 저마다 자기 회사의 상품이 더 좋다고 광고하지만 ______________________. 제공하는 서비스의 이름만 다르고 그 내용은 비슷하기 때문이다.

문법과 표현 6

다시 말해서, 즉

A 다음 표를 보고 문장을 만들어 보세요.

1	투자할 때 돈을 한 곳에만 투자해서는 안 된다	다양한 곳에 투자하다
2	취미 생활이 직장 생활보다 우선이 되어서는 안 된다	자기 일을 다하다
3	광고를 보면서 소비자는 비판적이어야 한다	소비자가 스스로 판단하다
4	교육 문제는 정부의 힘만으로 해결할 수는 없다	

1. 투자할 때 돈을 한 곳에만 투자해서는 안 된다. 다시 말해서 위험을 분산할 수 있도록 다양한 곳에 투자하는 것이 좋다.

2. ______________________________.
______________________________.

3. ______________________________.
______________________________.

4. ______________________________.
______________________________.

B ________ 에 알맞은 말을 써서 문장을 완성해 보세요.

1. 우리 회사의 광고 효과가 왜 다른 회사보다 떨어지지요? 광고 모델의 문제인가요?
꼭 광고 모델만의 문제라고 할 수는 없고 여러 가지 요소가 작용한 것 같습니다.
다시 말해서 ______________________________.

2. 한 국가의 출산율이 사망률보다 낮아지게 되면 그 나라의 인구는 서서히 감소하게 되어 마지막에는 그 나라 자체가 없어지게 될지도 모른다. 다시 말해서 인구 문제는 ________
______________________________.

3. 광고를 통해서 소비자들은 새로운 정보를 얻지만 그 정보가 모두 정확하다고는 할 수 없다.

즉, ____.

물건을 팔기 위해 잘못된 정보를 주다

읽고 쓰기 7

다음은 '한국소비자원' 홈페이지에 올라온 질문과 답변입니다. 잘 읽고 질문에 맞는 답을 고르세요.

File Edit View Favorites Tools Help

http://www.kca.go.kr

소비자 상담 피해 구제 마당 국민 마당 **한국소비자원** Korea Consumer Agency 교육 마당 알림 마당 한국소비자원 소개

절차 안내
자주 묻는 사례 >
피해 예방 주의보
소비자 분쟁 해결 기준
피해 구제 법령 정보
관련 양식
사건 경과 조회
소비자 상담 센터 GO▸

QUICK MENU
트위터
블로그
RSS
뉴스레터
소비자 안전
TOP

인터넷으로 구입한 청소기가 광고와 다른 경우 반송비는 누가 내나요?

출처 상품 2팀 **작성일** 20xx. 7. 5.

첨부 파일

질 문

인터넷 쇼핑몰에서 진공청소기를 구입하여 사용하고 있습니다. 골프공을 흡입할 정도로 흡입력이 좋다는 광고를 보고 구입하였으나 실제로 사용해 보니 골프공은커녕 수박씨도 제대로 흡입하지 못할 정도여서 반품하려고 하는데 판매자가 반송비를 내라고 합니다. 과장 광고에 속은 것도 억울한데 제가 반송비를 내야 하나요?

답 변

반송비는 판매자가 부담해야 합니다. 전자상거래로 구입한 물품의 내용이 광고 내용과 달라 구매를 취소할 경우는 반환에 필요한 비용은 물론 소비자에게 물품을 배달할 때의 배송비도 판매자가 부담하여야 합니다.

인터넷 쇼핑몰의 허위 과장 광고에 속아 물품을 구매한 경우 어떻게 합니까?

출처 상품 2팀 **작성일** 20xx. 11. 15.

첨부 파일

질 문

인터넷에서 순모 100% 코트로 표시되어 있어 구입하였는데 배달된 코트를 확인해 보니까 합성 섬유가 포함된 순모 80%의 코트였습니다. 쇼핑몰에서는 구입 후 20일이 지났다고 반품을 거절하고 있습니다. 어떻게 처리해야 합니까?

답 변

인터넷 쇼핑몰에서 허위로 표시한 것을 증명할 수 있다면 이를 근거로 판매자에게 반품을 하고 환불을 받을 수 있습니다. 다시 말해, 허위 과장 광고임을 증명할 수 있는 자료(화면 인쇄 자료, 신문 광고 등)가 있다면 보상을 요구할 수 있습니다.

1. 진공청소기는 무엇이 문제입니까?

① 쉽게 고장이 난다.

② 허위 과장 광고를 했다.

③ 지나치게 소음이 크다.

2. 윗글에서 코트를 산 사람이 코트를 반품하려면 어떻게 해야 합니까?

① 구입 후 20일이 지났으므로 반품할 수 없다.

② 판매자에게 코트가 순모 100%가 아니라고 말한다.

③ 코트가 순모 100%라고 광고했음을 증명한다.

여러분이 허위 과장 광고를 보고 물건을 샀다면 어떻게 하겠습니까? 아래와 같이 상담을 요청하는 글을 써 보세요.

File Edit View Favorites Tools Help

http://www.kca.go.kr

소비자 상담 피해 구제 마당 국민 마당 **한국소비자원** Korea Consumer Agency 교육 마당 알림 마당 한국소비자원 소개

절차 안내
자주 묻는 사례
피해 예방 주의보
소비자 분쟁 해결 기준
피해 구제 법령 정보
관련 양식
사건 경과 조회

소비자 상담 센터 GO

질 문

________ 에서 ________ 을/를 구입하여 사용하고 있습니다. 살 때 광고에는 ____________ 고 쓰여 있었으나 실제로 사용해 보니 ____________ 아/어서 반품하려고 합니다.

QUICK MENU
트위터
블로그
RSS
뉴스레터
소비자 안전
TOP

VIII 의식주와 생활

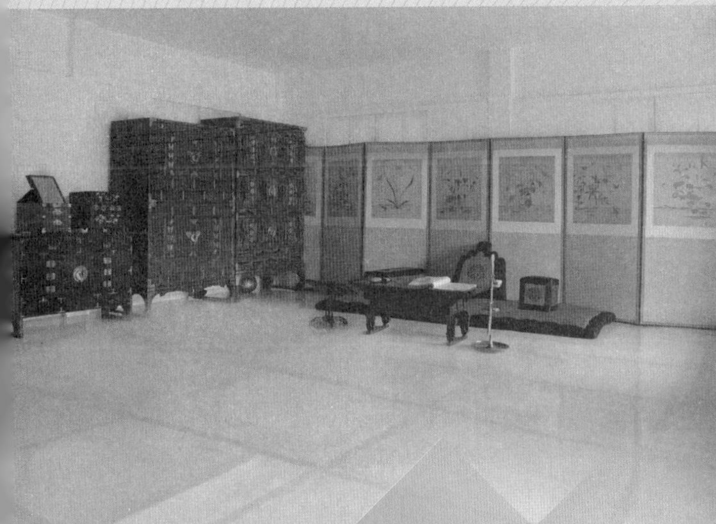

1 살고 싶은 집

어휘 온돌, 날씨, 온도

문법
- V-(으)려는지
- V-기 십상이다
- A/V-거나 하다

의사소통 기술 온돌 체험담 읽고 내용 파악하기

2 음식 여행, 비빔밥

어휘 요리

문법
- N 바람이 불다
- N을/를 막론하고
- N 길이

의사소통 기술 한국의 국물 문화에 대한 글 읽고 내용 파악하기

3 유행하는 옷

어휘 옷차림

문법
- N은/는 물론이거니와
- N을/를 말하라면
- N이자 N

의사소통 기술 젊은이의 소비 경향에 대한 논술문 쓰기

1. 살고 싶은 집

어휘와 표현 1

다음을 읽고 ________에 알맞은 말을 써넣으세요.

윗목 아랫목 방바닥 아궁이 굴뚝 마당
대청마루 대문 안방 사랑방 장독대

1. 

한옥에는 부부가 사용하는 방의 구분이 있다. 어머니가 주로 생활하는 공간인 ________와/과 아버지가 손님을 맞이하는 공간인 ________이/가 있다.

2. 

여름에 ________에 앉아서 ________에서 병아리가 노는 것이나 화단에 꽃 핀 것을 바라보고 있으면 뒷문을 통해 바람이 들어와 무척 시원하다. ________(으)로 사람이 들어오면 반갑게 맞이할 수 있어 좋다.

3. 

부엌에서 ________에 불을 때면 가마솥에는 물이 끓고 방은 점점 따뜻해진다. 저녁 준비를 할 때면 집집마다 ________에서 나오는 연기가 마을에 가득 찬다.

4. 

마당 한쪽 양지바른 곳에는 ________이/가 있다. 된장이나 간장, 고추장 항아리는 살림하는 주부가 가장 신경을 쓰는 것이다. 맑은 날에는 뚜껑을 열고 햇볕을 쬐게 해 주어야 곰팡이*가 생기지 않는다.

* **곰팡이**
동물이나 식물, 음식물 등에 붙어서 사는 구조가 단순한 생물. 어둡고 습기가 차면 잘 생긴다.

5. 

온돌방은 ________이/가 따끈해서 썰렁한 날 특히 좋다. 전통 한옥에는 따뜻한 ________와/과 시원한 ________이/가 있었지만 지금은 방바닥 전체 난방으로 그런 구분이 사라졌다.

어휘와 표현 2

________에 알맞은 말을 써넣으세요.

따끈하다 아늑하다 썰렁하다 건조하다 습하다 미지근하다

1. 장마철에는 비가 많이 와서 습도가 높아진다. 이렇게 ________ 날은 같은 기온이라도 더 덥게 느껴진다.

2. 동생 부부의 신혼집에 저녁 초대를 받아 가 보았다. 아파트가 크지는 않지만 ________________ 살림살이도 예뻐서 행복한 신혼집다워 보였다.

3. 추운 날에는 사람들이 ________________ 찐빵이나 어묵 국물을 많이 찾는다. 그리고 ________________ 한 잔의 커피로 추위를 녹이기도 한다.

4. 겨울철에는 ________________ 산불이 나기 쉽다. 그러므로 산에 갈 때는 특히 조심해야 한다.

5. 가을이 되자 바람이 불고 기온이 내려가서 좀 ________________ 느낌이 든다. 언제 여름이 지나갔나 싶은데 어느새 겨울이 다가오고 있다.

6. 아이들은 목욕물이 너무 뜨거우면 안 좋으니까 찬물을 좀 넣어서 ________________ 해 줘요.

어휘와 표현 3

관계있는 말을 연결하고 ________에 알맞은 말을 써넣으세요.

1	으슬으슬 •	• 하다, 시작하다
2	슬슬 •	• 춥다, 떨리다
3	영 •	• 생각이 나다, 기억이 나다
4	그제야 •	• 자신이 없다, 맞지 않다
5	오손도손 •	• 이야기하다, 지내다

1. 어제는 비가 오는 날씨에 바람도 불어서 쌀쌀했는데 일 때문에 계속 바깥에 있었다. 그리고 집에 왔더니 감기가 오려는지 ________________ 춥고 몸이 떨렸다.

2. 오전에 처리해야 할 일도 다 끝났고 점심도 먹었으니 이제 ________________ 회의를 시작해 볼까요? 다들 모이셨죠?

3. 이 집에 이런 현대식 가구는 잘 어울리지 않는 것 같아요. 게다가 벽지 색깔과도 ____________ 맞지 않는 것 같네요.

4. 미용실에서 옆 자리에 앉은 사람이 중학교 때 친구인 것을 알게 되었다. 그 친구는 처음에 나를 몰라보더니 내가 이름을 말하자 ____________ 나를 알아보았다.

5. 우리 마을의 노인들은 날마다 노인정에 모여서 함께 점심을 드시고 이야기를 나누시면서 마치 형제처럼 ____________ 지내신다.

문법과 표현 4

V-(으)려는지

A 다음 표를 보고 문장을 만들어 보세요.

1	운동	운동화
2	청소	진공청소기
3	저녁 준비	부엌
4	어디	

1. 형이 운동을 하려는지 운동화로 갈아 신었다.

2. 그 사람이 ____________.

3. 어머니가 ____________.

4. 할머니가 ____________.

B ________에 알맞은 말을 써서 문장을 완성해 보세요.

1.  ________ 씨는 어디 갔어요?

    ________________ 아까 나가던데요.

2. 오래간만에 새로 이사한 친구 집에 놀러 갔다. 친구는 ________(나를 대접하다) 음식 준비로 바빴다. 우리는 음식을 해서 맛있게 먹고 함께 이야기를 나누었다. 집에 돌아오려고 일어났더니 친구는 ________________(나를 데려다 주다) 외투를 입고 같이 일어섰다.

3. 부장님이 설계를 맡긴 고객과 함께 사무실로 들어왔다. 두 분은 새로 지을 집에 관해 ________________(의논을 하다) 설계도를 가져다 달라고 했다. 그리고 두 시간 정도 후에 ________________(식사를 하다) 디시 밖으로 나갔다.

문법과 표현 5

V-기 십상이다

A 다음 표를 보고 문장을 만들어 보세요.

1	엎드려서 책을 보다	눈이 나빠지다
2	주머니에 손을 넣고 걷다	넘어져 다치다
3	나중에 해야지 하다	잊어버리다
4		실수하다

1. 책상에 앉지 않고 엎드려서 책을 보다가는 눈이 나빠지기 십상이다.

2. 추운 겨울에 ________________________.

3. 할 일을 바로 하지 않고 ________________________.

4. ________________________________.

B ________에 알맞은 말을 써서 문장을 완성해 보세요.

1. 왜 ______________________ 안 하세요?

______________________________________ 십상이거든요.

2. 나는 건망증이 심한 편이다. 그래서 외출하기 전에는 반드시 집단속을 한다. 창문은 다 닫았는지, 가스 불은 껐는지, 불 켜 놓은 곳은 없는지 잘 살펴보지 않으면 꼭 한두 가지는 ______________________(잊어버리다). 그리고 열쇠 같은 물건도 항상 일정한 곳에 두지 않으면 외출할 때 찾느라고 ______________________(시간을 보내다).

3. 나는 아침에 일어나기 힘들어서 휴대폰으로 알람을 맞춰 놓고 잔다. 그런데 한 번만 울리도록 맞추면 ______________________(바로 끄고 다시 잠들다). 그래서 5분마다 한 번씩 울리도록 맞춰 놓는다. 그러면 다시 잠들지 않고 좀 있다가 일어날 수 있어서 좋다. 어쩌다 알람을 맞추지 않고 자면 다음 날 ______________________(지각하다).

문법과 표현 6

A/V-거나 하다

A 관계있는 말을 연결하고 ________에 알맞은 말을 써넣으세요.

1	도시락을 싸다 •	• 기록을 남기다
2	예방 주사를 미리 맞다 •	• 독감을 예방하다
3	녹음을 하다 •	• 먹을 것을 준비해 가다
4	메일을 보내다 •	• 알려 주다

1. 거기는 식당이 없대요. 도시락을 싸거나 해서 먹을 것을 준비해 가야 해요.

2. 이번 겨울에도 독감이 유행할 거래요. ______________________

______________________.

3. 전통 민요가 차차 사라지고 있어요. ______________________________

______________________________.

4. 내일 회의가 연기됐어요. 그 사람에게도 ______________________________

______________________________.

B ________에 알맞은 말을 써서 문장을 완성해 보세요.

1. 계절에 맞는 실내 장식을 하려면 어떻게 하는 게 좋을까요?

____

______________________________.

2. 나는 나중에 멋있는 집을 짓고 살고 싶다. 그 집에서 부모님을 모시고 아이들과 함께 행복하게 살고 싶다. 그리고 마당에는 ______________(채소를 가꾸다) 그것으로 음식도 만들고 주말에는 ______________(손님을 초대하다) 즐거운 시간을 보내고 싶다.

3. 요즘은 주부들의 아이디어가 반영된 아파트가 큰 인기를 끌고 있다. 인기 비결은 살림을 하는 주부의 입장에서 불편한 점을 최소화했다는 데 있다. 예를 들면 ______________(부엌에 작은 책상을 놓다) 주부가 자기만의 공간에서 시간을 활용할 수 있도록 한다. 또한 ______________(벽을 움직이다) 좁은 공간을 효율적으로 쓸 수 있게 만들기도 한다.

읽기 7

다음을 읽고 질문에 답하세요.

아침저녁으로 바람이 조금씩 더 차가워지고 있다. 한국에서 맞이하는 여섯 번째 겨울이 다가오고 있다. 나는 베트남 사람이라서 한국의 더운 여름은 괜찮지만 추운 겨울은 견디기가 힘들다. 아마 온돌방이 아니었다면 나는 겨울마다 베트남으로 돌아가려고 했을지도 모르겠다.

한국인 남편을 따라 한국에 와서 생활하는 나에게 언어와 문화, 음식 등 적응해야 할 것은 한두 가지가 아니었다. 그런 나에게 추운 겨울은 더 외롭고 ⓐ＿＿＿＿＿＿＿＿ 계절이었다. 내가 추운 한국의 겨울에도 잘 적응하고 견뎌 낼 수 있었던 것은 아무래도 한국의 온돌방 덕분이 아니었나 싶다.

처음으로 온돌방을 경험한 날을 나는 아직도 잊을 수가 없다. 따끈따끈한 방바닥을 밟고 섰을 때 내 발에 천천히 전해지던 따뜻함. 그 따끈함을 발바닥으로 느꼈을 때의 기분은 말로 다 표현할 수 없을 정도로 좋았다. 더운 나라에서 자라면서 침상을 쓰던 나는 처음에는 딱딱한 방바닥에 요를 깔고 누워 자는 것이 편하지 않았다. 그러나 따끈한 온돌방을 경험한 후 나의 습관은 달라졌다.

어느 날인가 감기가 오려는지 몸이 으슬으슬 떨리면서 머리가 아프던 날, 나는 따끈한 온돌방에 이불을 깔고 누워 몇 시간 동안 푹 자고 일어났다. 땀을 흘렸으나 머리가 맑아지고 몸이 편안해진 느낌, 그때부터 나는 마치 어머니의 품속 같은 ⓑ온돌에 중독이 된 것 같았다.

그 후 겨울에 베트남에 갈 때는 뭔가 허전해서 전기장판을 가지고 다닐 정도가 되었다. 전기장판이라도 깔지 않으면 온돌 생각이 나서 단잠을 잘 수가 없었기 때문이다. 외국 사람인 나는 한국에서 이 따끈한 온돌방 덕분에 겨울에도 행복하다. 이번 겨울에도 이 온돌방에서 건강한 겨울을 보낼 것이다.

1. 글의 내용과 다른 것을 고르세요.
   ① 글쓴이는 외국인이지만 한국의 온돌방을 체험한 뒤에 좋아하게 됐다.
   ② 글쓴이는 한국에 오기 전에도 딱딱한 방바닥에서 자는 데 익숙했다.
   ③ 글쓴이는 베트남에 가서 온돌 대신 전기장판을 사용하기도 했다.

2. ⓐ에 들어갈 수 있는 말을 고르세요.
   ① 기운이 없어지기 십상인
   ② 기운이 없어지기 때문인
   ③ 기운이 없어진다는 데 있는

3. ⓑ는 무슨 뜻입니까?

4. 이 글의 제목으로 적당한 것을 고르세요.

① 나의 한국 생활

② 나의 온돌 사랑

③ 건강한 겨울 이야기

2. 음식 여행, 비빔밥

어휘와 표현

_____에 알맞은 말을 써넣으세요.

고소하다	구수하다	담백하다	느끼하다
얼큰하다	매콤하다	새콤하다	달콤하다

1. 귤이나 레몬, 자두 등 __________ 맛의 과일이 식욕을 자극한다고 한다.

2. 떡볶이에 고추장과 설탕이 들어가서 __________ 맛과 __________ 맛이 잘 어우러진다.

3. 금방 지은 밥을 주걱으로 퍼내고 밥솥에 눌은 누룽지에 물을 붓고 푹 끓였더니 숭늉의 맛이 __________.

4. 명절날 기름기가 많은 음식을 먹으니 속이 __________ 녹차를 마셨다.

5. 감기에 걸렸을 때는 고춧가루가 많이 들어간 뜨겁고 __________ 콩나물국을 먹으면 금방 낫는다고 한다.

6. 오늘은 아버지의 생신이라서 어머니와 같이 음식을 많이 준비했다. 새우를 튀기고 고기를 볶고 참기름을 넣어 나물도 무치고 하니 집안에 __________ 냄새가 가득했다.

7. 배가 아프거나 몸이 안 좋을 때는 죽을 먹는 게 좋다. 여러 가지 재료를 넣기도 하지만 그냥 흰쌀로만 끓인 __________ 죽이 소화가 잘된다.

어휘와 표현 2

다음을 읽고 ________에 알맞은 말을 찾아 쓰세요.

채를 썰다	다지다	재우다	삶다	데치다	끓이다	볶다
부치다	굽다	무치다	조리다	소금에 절이다	껍질을 벗기다	

1. 

〈무생채〉

무를 먼저 깨끗이 씻은 뒤 ________________. 그리고 6cm 길이에 3mm 두께로 ________________ 후에 고춧가루, 식초, 설탕, 소금을 넣고 ________________.

2. 

〈불고기〉

쇠고기에 설탕, 간장, 파, 마늘, 참기름 등의 양념을 넣어 ________________ 후에 프라이팬에 ________________.

3. 

〈장조림〉

고기는 5~6cm 길이로 네모나게 썰어 놓는다. 계란은 ________________ 뒤 껍질을 까 둔다. 준비한 고기와 계란에 간장을 넣고 ________________.

4. 

〈김밥〉

시금치는 살짝 ________________ 물기를 꼭 짠다. 당근은 2mm 두께로 ________________ 뒤 볶는다. 계란은 얇게 지단을 ________________ 썰어 놓는다. 고기는 칼로 ________________ 프라이팬에 볶는다. 김 위에 밥과 재료를 얹어 말아 준다.

어휘와 표현 3

관계있는 말을 연결하고 ________에 알맞은 말을 써넣으세요.

물기를 •	• 두르다 •	• 맛이 아주 훌륭하다
고명을 •	• 짜다 •	• 계란을 풀어 프라이팬에 얇게 부치다
맛이 •	• 일품이다 •	• 술 마실 때 함께 먹을 것을 옆에 놓다
기름을 •	• 얹다 •	• 재료의 물기를 없애다
간이 •	• 부치다 •	• 양념 맛이 음식 속에 들어가다
안주를 •	• 곁들이다 •	• 음식 위에 장식을 올리다
계란 지단을 •	• 배다 •	• 프라이팬에 기름을 넣어 고르게 바르다

1. 시금치는 어떻게 손질해요?
   끓는 물에 살짝 데친 후에 두 손으로 ________________ 해요.

2. 떡국을 그릇에 담고 계란 지단, 다진 고기 같은 ________________ 돼요.
   이렇게 하니까 모양도 좋고 더 맛있어 보이네요.

3. 불고기 양념을 다 했으니 이제 프라이팬에 볶을까요?
   고기를 양념한 뒤에는 ________________ 재워 두는 게 좋아요.

4. 이 음식은 정말 ________________. 마치 요리사가 한 것 같아요.
   뭘요. 조리법대로 만들었더니 맛이 괜찮게 되었나 봐요.

5. 계란 프라이를 할 때 팬에 계란이 눌어붙지 않게 하려면 어떻게 해야 돼요?
   먼저 프라이팬에 ________________ 팬이 달구어지면 프라이를 하세요.

6. 와인을 마실 때 어떤 안주가 어울려요?
   취향에 따라 다르지만 저는 치즈 ________________ 먹어요.

문법과 표현 4

N 바람[열풍]이 불다

A 관계있는 말을 연결하고 ________에 알맞은 말을 써넣으세요.

1	웰빙	연예인들의 해외 활동이 많아지다
2	민주화	부동산 가격이 오르다
3	한류	건강식품에 대한 관심이 높아지다
4	아파트 재개발	정치 상황이 변화하다

1. 전국적으로 웰빙 바람이 불면서 건강식품에 대한 관심이 높아졌다.
2. 그 나라에도 ______________________________.
3. 세계 여러 나라에 ______________________________.
4. 이 지역에 작년부터 ______________________________.

B ________에 알맞은 말을 써서 문장을 완성해 보세요.

1. ____________ 씨도 ____________________을/를 시작했어요?
   네. 요즘 친구들 사이에 ________________ 열풍이 불어서 저도 하게 되었어요.

2. 최근 ______________________ 담배를 끊으려는 사람들이 늘고 있다. 우리 회사에서는
   금연
   금연에 성공하는 직원들에게 상금을 지급하기로 결정했다. 곧 직원들 사이에 __________
   상금 타기
   ______________________ 것 같다.

3. 젊은 여성들 사이에 ______________________________. 사과나 바나나 등 한
   다이어트
   가지 음식만 먹는 다이어트가 인기를 끌던 때도 있었는데 최근에는 한약으로 다이어트를 돕는다는 ______________________________________.
   한방 다이어트

문법과 표현 5

N을/를 막론하고

A 다음 표를 보고 문장을 만들어 보세요.

* **지위 고하**
지위가 높고 낮음.

* **여야**
여당(정권을 가진 당)과 야당(정권을 가지지 않은 당).

* **이유 여하**
이유가 어떠함.

1	지위 고하*	철저한 조사를 하다
2	여야*	반대 의사를 밝히다
3	국내외	금지되다
4	이유 여하*	

1. 경찰은 이번 사건 관련자에 대해 지위 고하를 막론하고 철저한 조사를 하고 있다.

2. 국회의원들은 이번 법안에 대해 ______________________.

3. 박물관에 음식물을 반입하는 것은 ______________________.

4. 시험장에 늦게 입실하는 것은 ______________________.

B ________에 알맞은 말을 써서 문장을 완성해 보세요.

1. 사람들이 요즘 관심을 많이 가지는 게 뭐지요?
   ______________________.

2. ______________(동서양) 물은 인간에게 없어서는 안 될 귀중한 자원이었다. 인간과 물의 관계는 바로 인류의 역사이기도 했으며 물을 어떻게 활용하느냐 하는 것은 국가의 운명을 좌우할 만큼 중요한 일이었다.

3. 이 영화는 한식의 새로운 맛을 찾는 최고의 요리사들에 대한 이야기이다. 해외 여러 영화제에 초청되어 좋은 평가를 받은 이 작품은 ______________(국내외) 영화를 본 많은 관객들에게 한식을 널리 알리는 역할을 했다.

문법과 표현 6

N 길이[깊이, 넓이, 두께, 크기]

A 관계있는 말을 연결하고 문장을 만들어 보세요.

1	고기 •	• $400cm^2$ 넓이
2	종이 •	• 한 뼘 길이
3	치마 •	• 5mm 두께
4	땅 •	• 1m 깊이

1. 고기를 5mm 두께로 썰어서 양념에 재워 놓는다.

2. ______________________.

3. ______________________.

4. ______________________.

B ________ 에 알맞은 말을 써서 문장을 완성해 보세요.

1. ______________ 을/를 만들 때 ________ 은/는 어떻게 해야 돼요?

   ______________________.

2. 된장찌개에 들어가는 호박은 ______________ (0.2cm, 두께) 로 썰고 두부와 감자는 먹기 좋은 크기로 썬다. 다진 마늘과 함께 들어가는 파는 ______________ (2~3cm, 길이) 로 썰면 된다.

3. 오늘 학교에서 작은 종이 상자를 만들었다. 초록색 색지로 ______________ (가로 30cm, 세로 40cm, 크기) 에 ______________ (15cm, 깊이) 로 만들었는데 여기에 편지나 사진을 보관할 생각이다.

읽기 7

다음을 읽고 질문에 답하세요.

한국인과 국물

한국에는 음식을 먹을 때 국물이 없으면 먹은 것 같지 않다고 하는 사람들이 많다. 심지어 라면을 좋아하는 이유도 국물이 있기 때문이라고 말하는 사람도 있다. 특히 아침 식탁에는 밥과 함께 국물이 있어야 환영을 받는다.

여름이 되어 기운이 없을 때 사람들은 몸보신을 위해 닭과 인삼을 함께 끓인 ⓐ__________을/를 찾는다. 술 마신 사람들의 괴로운 속을 풀어 주는 것은 얼큰한 한 그릇의 ⓑ__________(이)다. 추운 겨울날에는 점심 메뉴로 회사 근처 설렁탕 집을 찾는 직장인들도 많다. 그러나 뭐니 뭐니 해도 온 가족이 밥상에 둘러앉아 먹는 된장찌개만큼 정감 어린 음식도 없다. 아기를 낳고 누워 있는 산모에게는 미역과 쇠고기를 넣어 끓인 담백한 ⓒ__________이/가 최고다. 이렇게 한국인의 식탁을 지켜 주는 국물의 가짓수는 헤아릴 수 없이 많다.

국물에 얽힌 이야기도 많다. 조선 시대에는 해마다 봄이 되면 풍년을 기원하며 제사를 지내고 이때 왕이 사람들에게 직접 설렁탕을 내렸다는 기록이 있다. 제사를 지낸 곳이 선농단이어서 그 국의 이름이 '설렁탕'이 되었다고 한다. 또 시험 날 아침에 미역국을 먹으면 미끄러워서 시험에 떨어진다는 금기와 함께 '미역국을 먹는다'는 말이 '불합격하다'와 같은 뜻으로 쓰이고 있다.

멸치나 쇠고기 등 천연 재료를 넣어 우려낸 국물에 여러 가지 채소나 생선, 된장이나 고추장 등을 넣고 정성껏 끓인 한 그릇의 국. 그 국물을 떠먹으며 한국인들은 ⓓ__________ 하루를 살아갈 힘을 얻곤 했다. 바쁜 현대 사회에서 점차 국을 끓여 밥을 먹는 일이 힘들어지고 있지만 그래도 따끈한 국물이 한국인에게 주는 의미는 줄어들지 않으리라고 본다. 오죽하면 즉석 북엇국, 즉석 미역국 같은 ⓔ인스턴트 국까지 등장했겠는가.

1. ⓐ, ⓑ, ⓒ에 들어갈 음식 이름을 써 보세요.

ⓐ __________

ⓑ __________

ⓒ __________

2. ⓓ에 들어갈 수 있는 말로 적당한 것을 고르세요.

① 남녀노소를 위하여

② 남녀노소를 불구하고

③ 남녀노소를 막론하고

3. 내용과 같은 것을 고르세요.

① 한국 사람들은 국물을 좋아하지만 그 종류는 많지 않다.

② 설렁탕은 풍년을 기원하며 지내던 제사에서 유래되었다.

③ 현대 사회에는 국물을 싫어하는 사람들 수가 늘고 있다.

4. ⓔ의 '인스턴트 국'이 등장한 이유는 무엇일까요?

____

____.

3. 유행하는 옷

어휘와 표현 1

다음을 읽고 ______에 알맞은 말을 써넣으세요.

실용적이다 활동적이다 파격적이다 개성적이다 보수적이다

연령에 따라 추구하는 패션도 달라지게 된다. 20대에는 남과 다른 자신의 특징을 잘 보여 주는 1)______ 차림을 선호하며 때로는 사람들의 시선을 끄는 2)______ 복장으로 주위 사람들을 놀라게 하기도 한다. 30대에는 멋도 추구하지만 사회 활동이 많아짐에 따라 움직이기에 편한 3)______ 옷차림을 좋아하게 되고 30대를 지나 40대에 들어서면 멋과 아름다움보다는 실제 생활에 편리한 4)______ 옷차림이나 대부분의 사회 구성원들이 인정하는 5)______ 복장을 선호하게 된다.

어휘와 표현 2

______에 알맞은 말을 써넣으세요.

격식을 차리다 세련되다 복고풍이다 유행을 타다

1. 보통 결혼식이나 졸업식 등 ______ 자리에는 정장을 입고 가는 것이 예의다.

2. 여자들의 옷에 비해서 남자들의 옷은 별로 ______ 않는다. 남성복의 경우 몇 년이 지난 옷을 그냥 입어도 그다지 어색해 보이지 않지만 여성복의 경우 일 년만 지나도 어색해서 다시 입기가 어려운 경우가 많다.

3. 옷을 잘 입는 사람은 단순히 청바지에 티셔츠만 걸쳐도 아주 ______ 보이는 반면 옷을 못 입는 사람은 아무리 비싼 옷을 입어도 뭔가 어울리지 않는 느낌을 준다.

4. 올 가을 유행은 ______ 몇 년 전에 입던 옷을 꺼내서 다시 입어도 될 것 같다.

어휘와 표현 3

관계있는 말을 연결하고 ________ 에 알맞은 말을 써넣으세요.

컴퓨터 사용이 •	• 반영하다 •	• 그 시대의 모습을 보여 주다
획기적으로 •	• 일반화되다 •	• 반대하거나 싫어하는 마음이 정도가 강하다
거부감이 •	• 받다 •	• 뚜렷이 구분될 정도로 더 좋아지다
주목을 •	• 개선되다 •	• 컴퓨터 사용이 특별한 것이 아닌 일반적인 일이 되다
시대상을 •	• 대중화되다 •	• 관심을 가지고 자세히 살펴보는 대상이 되다
청바지가 •	• 심하다 •	• 청바지가 대중 사이에 널리 퍼져 친숙해지다

1. ________________ 에 따라 집집마다 컴퓨터가 없는 집이 없고 일을 하거나 공부를 할 때도 없어서는 안 되는 물건이 되었다.

2. 1980년대까지만 해도 청바지는 일부 젊은 사람들만 즐겨 입었으나 1990년대에 들어서서 ________________ 지금은 대부분의 사람들이 청바지 한두 벌 정도는 갖고 있다.

3. 민수는 항상 유행에 따라 옷을 입고 잘 꾸미고 다니기 때문에 어디서나 사람들의 시선을 끌고 ________________.

4. 도심 진입 차량에 대한 통행료 징수*에 대해서 국민들의 ________________ 정부는 그 제도를 시행하지 않기로 했다.

* 징수
정부가 세금, 통행료, 벌금 등을 국민에게서 받음.

5. 텔레비전 드라마는 ________________ 만들어지기 때문에 드라마를 보면 그 당시에 어떤 옷차림이나 말이 유행했고 사람들의 관심사가 무엇이었는지 알 수 있다.

6. 이번에 새로 나온 에어컨은 이전 제품에 비해 성능이 ________________ 에너지를 50%나 더 절약할 수 있다고 한다.

문법과 표현 4

N은/는 물론이거니와

A 관계있는 말을 연결하고 문장을 만들어 보세요.

1	맛	• 한국 노래
2	디자인	• 품질
3	미국 노래	• 중국어
4	한국어	• 서비스

1. 새로 생긴 식당이 음식이 정말 맛있다면서요?

   맛은 물론이거니와 서비스도 최고예요. 한번 꼭 가 보세요.

2. 명동의 패션 거리가 유명하다고 들었는데 디자인이 좋은가요?

   ______________________________.

3. 마이클 씨가 그렇게 노래를 잘 불러요? 친구들이 야단이던데요.

   ______________________________.

4. 유키 씨가 외국어를 잘해요?

   ______________________________.

B ________에 알맞은 말을 써서 문장을 완성해 보세요.

1. ________ 씨 나라 ________________은/는 세계적으로 유명하다고 들었어요.

   네, 맞아요. ________________________ 세계적으로 인정받고 있어요.

2. 옷을 만드는 소재가 나날이 발전하고 있다. 이 코트는 새로 개발된 소재를 사용해서 ________________________________ 잘되어 추운 날이나 비가 오는 날에 모두 편리하게 입을 수 있다.
   (보온, 방수)

3. 나쁜 계모의 괴롭힘 속에서도 착한 마음을 잃지 않은 딸에 대한 이야기는 많은 나라에서 전해져 올 뿐만 아니라 ________________________ 여러 번 만들어졌다.
   (드라마, 영화)

문법과 표현 5

N을/를 말하라면[들라면, 꼽으라면]

A 관계있는 말을 연결하고 문장을 만들어 보세요.

1	한국의 대표적인 산업	명동과 동대문
2	운동할 때 제일 중요한 것	다양한 높임말
3	서울에서 가 볼 만한 쇼핑 명소	충분한 준비 운동
4	한국어의 대표적인 특징	전자 산업과 자동차 산업

1. 한국의 대표적인 산업을 들라면 전자 산업과 자동차 산업을 꼽을 수 있다.

2. ____.

3. ____.

4. ____.

B ________에 알맞은 말을 써서 문장을 완성해 보세요.

1. 기자 : 올해 유행하는 옷의 특징에 대해 말씀해 주시겠습니까?

   디자이너 : ______________________________.

2. 한국 전쟁 이후 ______________________________ 한복을 입는 사람이 점점 줄어들고 양장이 일반화되었다는 것이다.

3. ______________________________ 넓은 목욕탕과 영화를 볼 수 있는 시설을 갖춘 큰 방을 들고 싶다.

문법과 표현 6

N이자 N

A 다음 표를 보고 문장을 만들어 보세요.

1	작곡가	지휘자
2	희망	목표
3	처음	마지막
4	여행가	

1. 한국의 애국가는 작곡가이자 지휘자인 안익태 선생이 작곡했다.

2. 열심히 공부해서 물리학자가 되는 것이 내 미래의 ______________________________.

3. 내가 애완동물을 키운 것은 그때가 ______________________________.

4. ______________________________.

B ________에 알맞은 말을 써서 문장을 완성해 보세요.

1. ________ 씨는 부부는 서로에게 어떤 존재라고 생각해요?

   저는 부부는 ________________________________.

2. 마이클과 민수는 최고의 ________________________. 경기장에서는 서로 상대보다 좋은 성적을 내기 위해 경쟁하는 관계이지만 경기장 밖에서는 서로의 단점을 교정해 주고 충고해 주는 세상에 둘도 없는 친구이다.

3. 서울은 한국의 ________________________. 국회와 청와대*가 서울에 있고 주요 대기업들의 본사도 모두 서울에 위치해 있다.

* **청와대**
대한민국 대통령이 사는 곳.

쓰기 7

젊은이들의 소비 경향에 대해 다음 중에서 하나를 골라 〈보기〉와 같이 써 보세요.

☑ 브랜드 선호 ☐ 또래 집단의 영향 ☐ 대중 매체의 영향 ☐ 과소비

〈보기〉

- **소비 경향 :** 요즘 젊은이들은 유명 브랜드 옷이나 신발을 지나치게 선호하는 경향이 있다. 제품의 품질이나 기능보다는 그 옷이나 신발이 어느 회사 제품이냐가 더 중요한 선택의 기준이 되고 있다.

- **소비 심리 :** 젊은이들이 이렇게 브랜드를 중요하게 생각하는 이유는 유명 브랜드의 옷이나 신발을 사용함으로써 자신이 그 시대에 가장 앞서 나가는 사람임을 과시하고 싶어 하기 때문이라고 여겨진다. 따라서 각 유명 브랜드들도 자기 회사 제품이 유행의 최첨단에 있음을 소비자들에게 알리기 위해 상품 광고에 많은 노력을 기울인다.

- **나의 입장 :** 제품의 품질이나 기능을 무시한 이러한 소비 경향은 결국 과소비로 이어질 수밖에 없다. 유명 브랜드는 제품의 이미지를 유지하기 위해 비싼 광고료를 지불하고 있으며 이러한 비용은 결국 소비자가 감당하게 되기 때문이다. 그러므로 과소비를 안 하는 현명한 소비자가 되기 위해서는 지나친 브랜드 선호를 버리고 품질과 기능을 기준으로 제품을 선택하는 습관을 길러야 한다.

〈써 보기〉

- **소비 경향 :** ______________________________ .

- **소비 심리 :** ______________________________ .

- **나의 입장 :** ______________________________ .

IX 도시와 환경

1 살기 좋은 도시

어휘 도시의 환경

문법
- 한편으로(는)
- V-아/어 내다
- A-(으)ㄴ/V-는 만큼

의사소통 기술 살기 좋은 도시에 대해 설명하는 글 쓰기

2 서울 돌아보기

어휘 도시의 거리

문법
- A/V-다고 해도 과언이 아니다
- N이/가 눈길을 끌다
- (V-(으)ㄹ 겸) V-(으)ㄹ 겸 (해서)

의사소통 기술 인사동 소개 기사 읽고 내용 파악하기

1. 살기 좋은 도시

어휘와 표현

_______ 에 알맞은 말을 써넣으세요.

교통 체증 대기 오염 수질 오염 인구 집중 범죄율

1. ______________의 주요 원인은 일반 가정에서 버리는 생활 하수이다. 설거지를 할 때 기름이나 음식물을 하수구에 버리지 말고 따로 모아서 버려야 한다.

2. 대도시의 ______________이/가 점점 심화되고 있다. 농촌에는 인구가 감소하고 있는데 반해 대도시의 인구는 점점 증가하고 있다.

3. ______________을/를 일으키는 주요 원인 중의 하나가 좌회전 신호라고 한다. 따라서 도시 중심 지역의 신호 체계에서 좌회전 신호를 없앤 곳이 많다.

4. 자동차 배기가스를 줄이려는 노력의 결과로 서울 지역의 ______________이/가 많이 줄어들었다.

5. 시민들의 안전을 위한 서울시와 경찰의 노력으로 서울의 ______________은/는 다른 나라의 대도시에 비해 낮은 편이다.

어휘와 표현 2

다음을 읽고 ________에 알맞은 말을 써넣으세요.

개발 성장 수도 도심 자연 친화적 수도권 공청회 녹지

1960년대 이후 한국 경제의 목표는 빠른 1)__________이었다. 다시 말해, 빨리 경제를 키워서 가난에서 벗어나는 것이 가장 중요한 일이었다. 이런 상황 속에서 한국의 2)__________ 서울은 계획 없이 무분별하게 3)__________되었고 4)__________은/는 빠르게 파괴되어 서울은 숲을 찾아볼 수 없는 황량한 도시가 되어 갔다. 이런 상황은 서울 주변 5)__________ 지역에서도 마찬가지였다. 2000년대에 들어서 도시 환경에 대한 관심이 증가하면서 자연과 함께 어우러진 6)__________인 도시를 만들고자 노력하면서 7)__________을/를 지나는 청계천에는 다시 맑은 물이 흘러 시민들의 휴식처가 되고, 빌딩 사이에 나무가 심어지기 시작하였지만 아직도 가야 할 길은 멀다. 앞으로 정부는 단독으로 개발 정책을 결정할 것이 아니라 8)__________을/를 통해 국민들의 다양한 의견을 들어 국민 누구나 이해하고 공감할 수 있는 정책을 세워야 할 것이다.

어휘와 표현 3

관계있는 말을 연결하고 ________에 알맞은 말을 써넣으세요.

전용 차로제를 •	• 보존하다 •	• 환경에 어울리는 방향으로 고치고 정리하다
친환경적으로 •	• 실시하다 •	• 문화적 가치가 높은 물건을 원래대로 회복하다
시민 공원을 •	• 공존하다 •	• 전통 주택을 잘 보호하여 남기다
문화재를 •	• 정비하다 •	• 정해진 차로에 정해진 차량만 다닐 수 있게 하는 제도를 시행하다
전통 가옥을 •	• 조성하다 •	• 옛날 것과 지금 것이 같이 잘 존재하다
전통과 현대가 •	• 복원하다 •	• 공원을 만들다

1. 서울에서는 버스 ____________________고 있다. 도로에는 흰색 선과 파란색 선이 그어져 있는데 파란색 선 안에는 버스만 다닐 수 있다.

2. 이번 태풍으로 많은 문화재가 피해를 입었다. 서울시에서는 피해를 입은 ____________ ____________기 위해 3억 원의 예산을 마련했다.

3. 경복궁 주변 지역은 ____________ 공간이다. 조선 시대 왕궁이었던 경복궁 주변에 현대식으로 지어진 멋있는 카페와 레스토랑이 들어서 있어 관광객들의 눈을 즐겁게 해 준다.

4. 관악구청에서는 아파트 주변의 빈터를 이용하여 시민들이 언제든지 나와서 쉬거나 운동할 수 있는 ____________ 계획이다.

5. 서울시에서는 한강에 갈대숲을 만들고 흙을 덮고 있는 시멘트를 제거하는 등 한강을 ____________ ____________기 위해 노력하고 있다.

6. 서울시는 북촌 한옥마을에 남아 있는 ____________기 위해 집주인에게 보조금을 지급하고 있다.

문법과 표현 4

한편으로(는)

A 다음 표를 보고 문장을 만들어 보세요.

1	친구 결혼식에 꼭 참석하고 싶다	집에서 쉬고 싶다
2	고향을 떠나게 되어 슬프다	기대감에 가득 차 있다
3	그 사람의 주장을 이해하다	

1. 친구 결혼식에 꼭 참석하고 싶지만 한편으로는 너무 피곤해서 집에서 쉬고 싶다.

2. ____________.

3. ____________.

B ________에 알맞은 말을 써서 문장을 완성해 보세요.

1. 이번에 아주 고향으로 돌아가지요? 기분이 어때요?

   공부를 끝내고 돌아가게 되어 기쁘지만 ________________________

   ________________________.

2. 주말에 남산 한옥마을에 갔다 왔다. 잘 보존된 한옥을 보고 깊은 인상을 받았지만, ________

   ________________________.
   규모가 작아서 아쉽다

V-는 한편

A 다음 표를 보고 문장을 만들어 보세요.

1	그 소년 가장은 낮에는 학교에서 공부하다	밤에는 일하다
2	서울시는 한강 변을 정비하다	자전거 도로를 만들다
3	이 일을 해결할 방법을 찾다	

1. 그 소년 가장은 낮에는 학교에서 공부하는 한편 밤에는 일하느라 고생을 한다.

2. ________________________

   시민들이 이용하도록 할 계획이다.

3. ________________________

   ________________________.

B ________에 알맞은 말을 써서 문장을 완성해 보세요.

1. 기자 : 시장님, 자연 친화적 도시를 만들기 위해 많은 노력을 기울이시는 것으로 압니다. 요즘 어떤 일을 하고 계신지요?

시장 : ______________________________.

2. 치열한 국제 경쟁 속에서 살아남기 위해서 기업들은 직원 교육을 통해서 ______________ ______________ 비용의 낭비를 줄이기 위해 노력하고 있다.

생산성을 높이다

N인 한편

A 다음 표를 보고 문장을 만들어 보세요.

1	내 친구	가장 존경하는 분
2	한국의 수도	문화, 예술의 중심지
3	친환경적인 도시	

1. 어머니는 내 친구인 한편 내가 가장 존경하는 분이기도 하다.

2. ______________________________.

3. ______________________________.

B ________에 알맞은 말을 써서 문장을 완성해 보세요.

1. 마이클 씨에게 한국말은 어떤 의미가 있어요?

   글쎄요. 배우는 것은 힘들고 어렵지만 하나씩 배워 나갈 때 큰 기쁨을 느껴요. 저에게 한국말은 ______________________ 가장 큰 즐거움이에요.

2. 갈비는 외국 사람들이 제일 좋아하는 한국 음식인 한편 ______________________ ______________________.

매우 비싼 한국 음식 중의 하나

문법과 표현 5

V-아/어 내다

A 관계있는 말을 연결하고 ________에 알맞은 말을 써넣으세요.

1	병의 원인을 •	• 찾다
2	새로운 에너지를 •	• 이기다
3	암을 •	• 막다
4	상대 선수들의 공격을 •	• 밝히다

1. 병의 원인을 밝혀내기 위해 많은 과학자들이 연구하고 있다.

2. ____________________ 위해서 세계 여러 나라들이 지금도 끊임없이 노력하고 있다.

3. ____________________ 위해서는 환자 본인의 노력이 제일 중요하다.

4. ____________________ 위해서 골키퍼는 하루에도 수백 번씩 막는 연습을 한다.

B ________에 알맞은 말을 써서 문장을 완성해 보세요.

1. 마이클 씨, 이 문제를 어떻게 풀죠? 아무리 생각해도 방법을 모르겠어요.
   정말 어렵네요. 잠깐만 기다리세요. 제가 푸는 방법을 ____________________.

2. 개는 인간보다 후각이 1,000배 정도 좋다. 따라서 인간이 도저히 찾을 수 없게 숨겨진 물건을 냄새를 통해 ____________________.

3. 사람들은 에디슨을 발명왕이라고 부른다. 일생 동안 전구, 전축, 영화 등 1,097가지나 되는 발명품들을 ____________________.

문법과 표현 6

A-(으)ㄴ/V-는 만큼

A 다음 표를 보고 문장을 만들어 보세요.

1	국제결혼을 하는 사람이 늘고 있다	정부의 지원도 늘리다
2	대기 오염 문제를 해결하려고 노력하고 있다	대기 오염 문제가 해결되다
3	세계 경제가 빠르게 회복되고 있다	

1. 국제결혼을 하는 사람이 늘고 있는 만큼 결혼이주여성을 위한 정부의 지원도 늘려야 한다.

2. ______________________________
______________________.

3. ______________________________
______________________.

B ________에 알맞은 말을 써서 문장을 완성해 보세요.

1. 사장 : 요즘 경제 상황이 안 좋아서 직원들 월급을 올려줄 수 없을 것 같은데 직원들이 이해 해 줄까요?
김 과장 : ______________________________.

2. 과학이 빠르게 ________(발전하다) 미래에 대기 오염이나 수질 오염 문제가 해결될 가능성이 아주 높다.

3. 야구 선수 이상호는 경기가 끝난 후에 야구장에서 자신의 애인에게 공개 구혼한 후에 인터뷰에서 '팬들에게 ________(약속하다) 앞으로 영원히 사랑하겠다'고 소감을 밝혔다.

N인 만큼

A 다음 표를 보고 문장을 만들어 보세요.

1	우리 집의 장남이다	동생들을 잘 돌보다
2	국제 문화 교류 행사이다	외국인들이 많이 참여하다
3	제일 비싼 컴퓨터이다	

1. 내가 우리 집의 장남인 만큼 동생들을 잘 돌봐 줘야 한다.

2. 이 행사는 ______________________________.

3. 이 가게에서 ______________________________.

B ________에 알맞은 말을 써서 문장을 완성해 보세요.

1. 오늘 수지 씨 생일인데 뭘 할까요? 우리가 그냥 결정할까요? 아니면 수지 씨에게 물어 볼까요?

   오늘은 ______________________________.

2. 서울은 조선 시대 500여 년 동안 ____________ (수도) 곳곳에 조선 시대의 유물들이 남아 있다.

3. 이곳은 모든 시민들의 ____________ (휴식 공간) 공공질서를 잘 지켜서 깨끗하게 사용해야 한다.

쓰기 7

여러분이 생각하는 '살기 좋은 도시의 조건'을 아래에 표시해 보고 더 필요한 조건을 '기타'에 써 보세요. 그리고 가장 중요하다고 생각하는 조건을 2~3개 골라서 '내가 생각하는 살기 좋은 도시'에 대해 써 보세요.

- [ ] 정치적 안정
- [ ] 경제 발전
- [ ] 취업률
- [x] 치안(범죄율)
- [ ] 기후
- [ ] 녹지
- [ ] 교통(대중교통, 도로 등)
- [ ] 교육 여건(학교, 학원 등)
- [ ] 주택 가격
- [ ] 공공요금(전기, 수도, 전화, 지하철, 버스 등)
- [ ] 쇼핑
- [ ] 보건 및 위생(의료 시설, 쓰레기 처리, 수질 관리 등)
- [ ] 편의 시설(식당, 극장, 체육관 등)
- [ ] 문화 및 예술 공연(음악, 미술, 연극 등)
- [ ] 기타 : ______

내가 생각하는 살기 좋은 도시

요즘 살기 좋은 도시에 대한 관심들이 많다. 살기 좋은 도시를 선정할 때는 정치적 안정, 경제적 발전, 사회적 상황뿐만 아니라 환경, 문화, 예술도 중요한 기준이 된다. 이렇게 뽑힌 도시들은 대부분 조용하고 안전하고 깨끗하다. 그러나 살기 좋다 나쁘다는 개념은 개인의 주관적 판단에 따라 다를 수 있다. 내가 생각하는 살기 좋은 도시는 ______

도시는 사람들이 만들어 간다. 언론의 선정 기준에 관계없이 오순도순 사랑이 넘치는 가족과 친구들이 있다면 세계의 어디에 살고 있든지 그곳이 가장 살기 좋은 곳일 것이다. 나는 많은 도시들이 그런 도시가 되었으면 한다.

2. 서울 돌아보기

어휘와 표현 1

________에 알맞은 말을 써넣으세요.

인파로 붐비다	자리 잡다	즐비하다
한눈에 보다	사람들의 발길이 끊이지 않다	

1. 국민적인 사랑을 받던 배우가 갑자기 세상을 떠난 뒤 많은 사람들이 그의 죽음을 안타까워했다. 그의 무덤에는 오늘도 ________________.

2. 어제는 서울에 있는 산 중의 하나인 인왕산에 다녀왔다. 옛날에 호랑이가 살았다는 인왕산은 높이가 338m로 산 위에 오르니 서울 시내를 ________________.

3. 여름휴가가 시작되면서 전국의 산과 바다는 ________________. 특히 부산의 해운대 해수욕장은 백만 명이 넘는 피서객들이 몰려 '물 반, 사람 반'이 되었다.

4. 식당이 문을 연 지 1년이 되었다. 처음에는 손님이 많지 않았으나 지금은 매출도 늘고 단골 손님도 많이 생겼다. 이제는 가게가 ________________.

5. 재래시장에 가면 싱싱한 생선에서부터 신선한 채소와 과일까지 없는 게 없다. 맛있는 음식은 물론이고 우리 생활에 필요한 물건들이 가게마다 ________________.

어휘와 표현 2

관계있는 말을 연결하고 ________에 알맞은 말을 써넣으세요.

규모를 •	• 특이하다 •	• 가 보면 좋을 곳을 말해 주다
양이 •	• 확장하다 •	• 모양이 특별하고 다른 것과 다르다
모양이 •	• 추천하다 •	• 양이 충분하고 많다
가 볼 만한 곳을 •	• 푸짐하다 •	• 크기를 더 크게 하다

서울에 처음 온 나는 친구에게 서울에서 맛있는 음식을 먹을 수 있는 곳 중 1)______________________ 달라고 했다. 친구가 나를 데리고 간 곳은 먹자골목의 한 식당이었다. 그 식당은 원래 아주 작은 가게로 시작하였으나 음식이 맛있다고 소문이 나면서 점점 손님이 늘자 현재의 가게로 2)______________________ 이전했다고 한다. 그 인기의 비결은 무엇일까 직접 체험해 보기로 했다. 친구와 함께 식당에 들어가서 자리를 잡고 앉아 주문을 하고 기다렸다. 잠시 후 3)______________________ 그릇에 음식이 나왔는데 정말 맛이 있을 뿐만 아니라 4)______________________. 즐겁게 식사를 마치고 나오면서 계산을 했는데 음식값이 저렴해서 또 한 번 놀랐다. 이렇게 맛있는 음식을 이렇게 싼 가격에 먹을 수 있다니, 이게 바로 인기의 비결이 아닌가 싶었다.

어휘와 표현 3

다음을 읽고 ________에 알맞은 말을 찾아 쓰세요.

먹자골목 골동품 거리 의류 시장 전자 상가 명소 야외 공연장

1. 

이곳은 서울의 ______________(으)로 자리 잡은 삼청동이다. 이곳에는 박물관이나 화랑과 같은 전시 공간을 비롯해서 옷 가게와 레스토랑들이 들어서 있다. 가족의 나들이 장소로, 연인들의 데이트 장소로 사랑받고 있다.

2. 

여기는 부산 남포동의 ______________입니다. 여기 가면 떡볶이, 어묵, 충무 김밥, 군만두, 찐 감자 등 다양한 음식을 적은 돈으로 먹을 수 있습니다.

3. 

서울 도심에 마련된 한 ______________입니다. 오고 가는 사람들 누구나 여기서 무료로 공연을 볼 수 있습니다. 직장인들이 점심시간을 이용하여 공연을 보는 등 평소 공연을 접할 기회가 많지 않았던 사람들에게 인기입니다.

4. 

서울의 한 ____________________ 입니다. 백화점보다 훨씬 싼 가격에 예쁜 디자인의 옷을 살 수 있어서 평일에도 찾는 사람들이 많습니다. 마음에 드는 옷을 사는 것도 좋지만 구경하는 재미도 괜찮습니다.

5. 

주말에 인사동 구경을 다녀왔습니다. 아이들을 데리고 나온 부부 등 가족들을 많이 볼 수 있었어요. 살아 있는 거리의 민속 박물관이라고 불릴 만큼 다양한 옛날 물건들을 구경할 수 있는 인사동은 유명한 ____________________ 임에 틀림없습니다.

6. 

이곳은 전자 제품을 판매하는 가게들이 모여 있는 ____________________ 입니다. 다양한 전자 제품을 다른 곳보다 저렴한 값으로 구매할 수 있어 소비자들이 많이 찾습니다. 최신 휴대 전화를 비롯해서 새로 나온 많은 전자 제품들을 구경하고 구입할 수 있습니다.

문법과 표현 4

A/V-다고 해도 과언이 아니다

A 다음 표를 보고 문장을 만들어 보세요.

1	숲	도시의 생명
2	개	인간의 친구
3	이 제품	우리 회사를 살렸다
4	그 사람	

1. 시민에게 휴식과 위로를 주는 숲은 도시의 생명이라고 해도 과언이 아니다.

2. 인간과 오랜 세월 함께 생활해 온 ____________________.

3. 위기에 빠진 회사를 구했으니 ________________.

4. 내가 지금까지 만나 본 사람 중에서 ________________

________________.

B ________ 에 알맞은 말을 써서 문장을 완성해 보세요.

1. 김 대리가 이번 행사를 맡아서 아주 잘 해냈다는데 누가 좀 도와줬나요?

   아뇨. 김 대리 혼자서 ________________.

2. 서울은 과거에 개발 위주로 발전되면서 ________________ (하나의 거대한 콘크리트 숲이 되었다)

   ________________. 그러나 현재는 점차 녹시를 늘리고 공원을 가꾸는 등 시민을 위한 편의 시설을 갖춰 나가고 있어 오래지 않아 친환경 도시로 다시 태어날 것이다.

3. 서울 성북동은 내가 태어나고 자란 곳이다. 여기서 25년을 살아온 나는 이 동네 어디에 가면 뭐가 있는지 ________________ (눈을 감아도 훤히 보인다). 이곳에는 내가 다닌 초등학교와 중학교가 있고 어디를 봐도 정다운 풍경과 소중한 추억이 있다. 그래서 이 동네는 나에게 ________________ (어머니와 같은 곳이다).

문법과 표현 5

N이/가 눈길을 끌다

A 관계있는 말을 연결하고 문장을 만들어 보세요.

1	활짝 핀 봄꽃 •	• 관람객
2	독특한 포장 •	• 시민들
3	흥미 있는 제목 •	• 소비자
4	100년 전 서울의 모습 사진들 •	• 독자들

1. 한강 시민 공원의 활짝 핀 봄꽃이 시민들의 눈길을 끌고 있다.

2. 새로 개발한 신제품의 ________________.

3. 스포츠 신문의 ________________.

4. 이번 사진 전시회에서는 ________________.

B ________에 알맞은 말을 써서 문장을 완성해 보세요.

1. 마이클 씨, 인사동에 와 보시니까 어떻습니까?
   아주 재미있는 것들이 많군요. 특히 ________________.
   (오래된 도자기)

2. 여름 휴가철이 되어도 도시를 떠날 수 없는 사람들을 위해 서울 시내 호텔들이 특별 할인 행사를 마련했다. 할인 기간 동안 투숙객들은 수영장 이용 외에도 많은 혜택을 받을 수 있다. 각 호텔마다 마련된 ________________.
   (다양한 행사들)

3. 서점에 갔다가 ________________ 책이 있어서 자세히 보았다.
   (화려한 표지)
   그 책에는 많은 현대 미술 작품들이 실려 있었는데 그중에서도 특히 내가 관심을 가지고 있던 ________________.
   (한국 화가들의 작품)

문법과 표현 6

(V-(으)ㄹ 겸) V-(으)ㄹ 겸 (해서)

A 다음 표를 보고 문장을 만들어 보세요.

1	차비도 아끼다	운동도 하다
2	한국 문화도 배우다	한국 친구도 사귀다
3	경험도 쌓다	

1. 차비도 아끼고 운동도 할 겸 해서 학교까지 걸어 다니고 있어요.

2. ______________________________ 하숙을 하기로 했어요.

3. ______________________________ 시청에 인턴사원으로 들어가기로 했습니다.

B ________에 알맞은 말을 써서 문장을 완성해 보세요.

1. 이번에 해외 연수를 떠나기로 했다면서요?

   네. ______________________________ 가기로 했어요.

2. 사진작가인 나는 지난 주말에 ______________________________
   (산책도 하다, 사진도 찍다)
   한강 변을 거닐었다. 거기에는 나처럼 산책을 나온 시민들이 많았다. 아이들이 뛰어다니며 웃고 있었고 자전거를 타고 지나가는 사람들도 많았다. ______________________________
   (일도 하다, 휴식도 하다)
   ______________ 이곳저곳을 돌아다니면서 오래간만에 좋은 시간을 가졌다.

N 겸 N

A 다음 표를 보고 문장을 만들어 보세요.

1	가수	배우
2	휴가	주말여행
3	거실	

1. 10년 전 가수로 데뷔한 그는 요즘 가수 겸 배우로 많은 활동을 하고 있다.

2. 이번 토요일에 ________________________________.

3. 우리 집이 넓지 않아서 마루를 ________________________________.

B ________에 알맞은 말을 써서 문장을 완성해 보세요.

1. 이제 12시인데 벌써 점심을 먹었어요?
   네. 아까 11시쯤 ________________________________.

2. 서울의 한강 공원은 도심 속 시민들의 휴식 공간으로 자리 잡았다. 10여 개가 넘는 한강 공원은 각 지역마다 주변 환경에 맞는 다양한 시설을 제공하고 있어 서울 시민을 위한 ________________________________으로 중요한 역할을 하고 있다.
   편의 시설, 학생들의 체험 학습 공간

읽기 7

❁ 다음을 읽고 질문에 답하세요.

인사동은 서울의 대표적 전통문화와 예술의 ⓐ ________________. 조선 시대에 형성된 인사동 거리는 서울의 한가운데인 종로구에 위치하여 있으며 청계천, 경복궁 등 다른 관광 명소와도 가깝다. 길이 0.7㎞, 너비 12m의 인사동 길은 안국동 로터리로부터 종로 2가 탑골 공원까지 연결된다.

인사동은 많은 골동품 상점이 모여 있는 곳으로 외국인에게 인기 있는 쇼핑 명소이다. 오래된 책이나 그림, 전통 가구, 서예 작품, 도자기, 공예품 등을 판매하는 가게들이 ⓑ ________________.

인사동에서 특히 사람들의 눈길을 끄는 것은 한국의 전통 도자기이다. 이 도자기들은 장식성과 함께 실용성을 갖추고 있다. 또한 서예 작품과 오래된 그림도 있는데 모두 옛날 작품만 있는 것은 아니다. 인사동에는 현대의 작품과 전통적 작품을 파는 상점들이 ⓒ ________________.

주말에는 인사동에 차가 다닐 수 없다. 그래서 가족, 연인과 함께 인사동을 찾은 사람들이 여유 있게 구경하며 거니는 거리가 된다. 이번 주말에는 산책도 할 겸 사랑하는 사람들과 함께 인사동으로 나들이를 가 보면 어떨까.

1. 이 글의 제목으로 적당한 것을 고르세요.

① 인사동, 전통문화의 거리
② 한국의 전통 도자기
③ 서울의 관광 명소

2. ⓐ에 들어갈 수 있는 말을 고르세요.

① 거리라고 하는 말이다
② 거리라고 하는 게 좋겠다
③ 거리라고 해도 과언이 아니다

3. ⓑ와 ⓒ에 들어갈 수 있는 말을 고르세요.

① ⓑ 드물다 – ⓒ 들어서 있다
② ⓑ 즐비하다 – ⓒ 공존한다
③ ⓑ 유일하다 – ⓒ 자리 잡고 있다

4. 글의 내용과 같은 것을 고르세요.

① 인사동 거리는 조선 시대에 형성되었다.
② 인사동에는 항상 차가 들어갈 수 없게 되어 있다.
③ 인사동에는 전통 예술품은 많지만 현대적 작품은 볼 수 없다.

X 관념의 세계

1 삶과 운명

어휘 운명

문법
- A-기 짝이 없다
- N(이)니 N(이)니 하다
- N 여부

의사소통 기술 인터넷 카페에서 조언하는 글 쓰기

2 세상을 보는 눈

어휘 입장과 시각

문법
- V-다시피 하다
- A/V-(으)ㄴ 나머지
- A/V-(으)ㄹ 법하다

의사소통 기술 언어에 나타난 관점에 대한 글 읽고 내용 파악하기

1. 삶과 운명

어휘와 표현 1

_______에 알맞은 말을 써넣으세요.

운명적이다　　점을 치다　　관상을 보다　　궁합을 보다　　사주를 보다

1. 결혼하기 전에 두 사람이 결혼해서 잘 맞을지 안 맞을지를 미리 알아보기 위해 ______________________ 나쁜 얘기를 듣는 경우도 많다고 한다.

2. 외국인들도 한국에서 살면서 ______________________ 경우가 있는데 자기가 태어난 해, 달, 날짜와 시간을 알고 가야 한다. 그중 하나라도 모르면 정확하게 보기 힘들다고 한다.

3. 그 두 사람은 5년 전에 사귀다가 헤어졌는데 해마다 꼭 한 번씩 뜻밖의 장소에서 우연히 만난다고 한다. 나는 두 사람의 관계가 ______________________ 것이 아닌가 싶다.

4. 사업을 하는 친구가 있는데 그 친구는 새로운 사업을 시작할 때마다 그 사업의 성공 여부를 미리 알기 위해 점쟁이에게 ______________________ 간다.

5. 예전에 어떤 회사에서는 신입 사원을 뽑을 때 면접에서 신입 사원의 ______________________ 경우도 있었다고 한다. 사람의 얼굴 모습에서 그 사람의 성격이나 운명 같은 것을 볼 수 있다는 생각에서 그렇게 한 것이다.

어휘와 표현 2

다음을 읽고 _______에 알맞은 말을 써넣으세요.

경멸하다　　점쟁이　　한심하다　　신기하다
우연의 일치　　미신　　고민거리

나는 운명을 믿지 않았다. 점이나 사주 같은 것은 과학적인 근거가 없는 1)__________ 에 지나지 않는다고 생각했다. 그래서 자신의 2)__________ 을/를 가지고 3)__________ 에게 점을 보러 가는 사람이 있으면 그 사람을 4)__________ 생각하고 점이나 사주를 보는 직업을 가진 사람을 하찮은 사람으로 취급하며 때로는 5)__________ 까지 했다. 그런데 이러한 나의 생각에도 약간의 변화가 생겼다. 얼마 전에 알게 된 한국 친구가 취미로 사주를 배우는데 내 사주도 봐 주겠다고 해서 그냥 재미로 봤더니 6)__________ 내 상황과 맞는 것이 많았다. 처음에는 그저 7)__________ (이)라고 생각했는데 맞는 것이 많으니 믿지 않을 수가 없었다. 지금 나는 사주를 과학적인 통계라고 생각하고 믿는 편이다.

어휘와 표현 3

관계있는 말을 연결하고 ________ 에 알맞은 말을 써넣으세요.

잘못을 •	• 되다 •	• 수단이나 방법으로 여기다
호기심이 •	• 지적하다 •	• 마음에 위로가 되다
위안이 •	• 삼다 •	• 관심이나 주의를 집중하다
방편으로 •	• 생기다 •	• 틀린 행동을 집어서 가리키다
초점을 •	• 두다 •	• 알고 싶은 마음이 생기다

1. 같이 일하는 동료가 어떤 실수를 했을 때, 바로 ____________________ 것은 상대방의 마음을 상하게 할 수 있다. 시간을 가지고 조언을 해 주는 것이 좋다.

2. '나무를 보다가 숲을 보지 못한다'는 표현이 있다. 이것은 너무 작은 일에 ____________ ____________ 큰 것을 못 보고 놓치는 실수를 한다는 뜻이다.

3. 별로 큰 병이 아니라고 생각하고 병원에 갔는데 수술해야 한다는 이야기를 듣고 너무 놀라고 걱정스러웠다. 하지만 수술만 하면 치료할 수 있다고 하니 그나마 ____________ ____________.

4. 가끔 신문이나 방송에 고아원이나 양로원 같은 사회 복지 시설을 운영하는 사람들의 비리가 보도된다. 봉사하는 마음 없이 사회 복지 시설 운영을 돈을 버는 ______________ ______________ 사람이 있어서는 안 된다고 생각한다.

5. 어린아이들에게 강제로 공부를 시키는 것은 좋은 방법이 아니다. ______________ ______________ 스스로 공부할 수 있도록 이끌어 주는 것이 제일 좋은 방법이다.

문법과 표현 4

A-기 짝이 없다

A 관계있는 말을 연결하고 문장을 만들어 보세요.

1	지각을 하다		기분이 나쁘다
2	반말을 하다		기쁘다
3	궁합이 좋다		아쉽다
4	아깝게 1등을 놓치다		창피하다

1. 모두 일찍 왔는데 나만 지각을 해서 창피하기 짝이 없었다.

2. ______________________________.

3. ______________________________.

4. ______________________________.

B ________ 에 알맞은 말을 써서 문장을 완성해 보세요.

1. 마이클 씨, 한국에서 해 본 일 중에 가장 인상적인 일이 뭐였습니까?

얼마 전에 유명한 점쟁이를 찾아가서 점을 본 일입니다. ______________ ______________.

2. 부모님께서 여행을 떠나셔서 나 혼자 집을 봐야 했는데 밤 12시쯤 갑자기 정전이 되어 다음 날 아침까지 불이 들어오지 않았다. 어두운 집에 혼자 있으니 정말 ______________________.

3. 한국의 고등학생들은 외국의 고등학생들에 비해 공부를 많이 한다. 특히, 고등학교 3학년 학생은 대학 입시를 볼 때까지 ______________________ 생활을 견뎌야 한다.

문법과 표현 5 N(이)니 N(이)니 하다

A 다음 표를 보고 문장을 만들어 보세요.

1	산, 바다	아무 데도 못 가다
2	궁합, 사주	필요 없는 일이다
3	영어, 컴퓨터	꿈도 꿀 수 없다
4	직업, 경제력	

1. 사람들은 산이니 바다니 하며 휴가 계획을 세우는데 나는 몸이 아파서 아무 데도 못 간다.

2. 결혼하기 전에 ______________________

______________________.

3. 다른 사람들은 취직하기 위해 ______________________

______________________.

4. 결혼에서 중요한 것은 ______________________

______________________.

B ________에 알맞은 말을 써서 문장을 완성해 보세요.

1. 인생에서 제일 중요한 것이 무엇인 것 같아요?

   사람들은 ______________________________.

2. 사람들에게 서울에서 외국인들이 가 볼 만한 곳을 꼽으라고 하면 ______________ ______________ 하지만 내가 생각하기에 서울에서 꼭 가 봐야 하는 곳은 조선 시대 궁궐 양식을 잘 보여 주는 창덕궁인 것 같다.

3. 사람들은 ______________ 하면서 정해진 운명이 있다고 믿는데, 나는 운명을 스스로 바꿀 수도 있다고 생각한다.

문법과 표현 6

N 여부

A 다음 표를 보고 문장을 만들어 보세요.

1	제주도 여행	찬반
2	시험	합격
3	자동차 10부제	실시
4		참석

1. 제주도 여행에 대한 찬반 여부를 다음 주까지 알려 주시기 바랍니다.

2. 나는 ______________________________ 궁금해서 발표 날까지 기다리기가 힘들었다.

3. 정부는 ______________________________ 아직 결정하지 못하고 있다.

4. ______________________________.

   ______________________________.

B ________에 알맞은 말을 써서 문장을 완성해 보세요.

1. 마이클 씨가 이번 행사에 올까요?

   글쎄요. 제가 듣기로는 아직 ________________을/를 결정하지 못했다고 하던데요.

2. 직장인들의 ________________을/를 묻는 이번 조사에서 54.1%가 흡연한다고 답해 아직도 담배를 피우는 직장인들이 많은 것으로 밝혀졌다.

3. 나는 어떤 일을 할 때, 그 일의 ________________이/가 운명에 의해 결정되어 있다고 생각하지 않는다. 자신의 노력에 따라 얼마든지 바꿀 수 있는 것이 운명이라고 생각한다.

쓰기 7

다음을 읽고 충고의 글을 써 보세요.

File Edit View Favorites Tools Help

정해진 운명은 없다.

카페 정보. 나의 활동.

정해진 운명은 없다.

매니저 holjb
멤버수 2,979

카페 글쓰기

가입 인사
출석 체크
끝말잇기
상담 게시판
혈액형 정보

도와주세요

20xx. 09. 25. 20:38 조회 30 / 스크랩 5

안녕하세요? 카페 '정해진 운명은 없다' 회원 여러분. 결혼을 앞두고 저에게 큰 고민이 생겼습니다. 사건의 시작은 이렇습니다. 얼마 전에 결혼식 날짜를 정하기 전에 부모님의 권유로 궁합을 보게 되었습니다. 저는 평소에 궁합에 대해 믿지 않았기에 그냥 가벼운 마음으로 봤는데 생각지도 못한 소리를 들었습니다. 궁합을 보는 사람의 말이 우리는 궁합이 나빠서 결혼하면 결국 이혼하거나 둘 중 한 사람이 죽을 거라는 겁니다. 저는 궁합을 믿지 않기에 부모님을 설득하려고 노력하고 있지만 저의 부모님은 전부터 궁합이나 사주를 굳게 믿어 오신 분들이라서 설득할 수가 없습니다. 저에게 제 여자 친구와 헤어지라고 말씀하시네요.ㅠㅠ 이럴 줄 알았으면 차라리 궁합을 보지 말걸 그랬어요. 회원 여러분, 저는 어떻게 해야 하나요? 좋은 방법이 있으면 알려 주세요.

– 서초동 위기의 남자

____

____

____

____

____

답글 입력

2. 세상을 보는 눈

어휘와 표현 1

_______에 알맞은 말을 써넣으세요.

관점　사고방식　세계관　문제의식　선입견　고정 관념　발상의 전환

1. 사람들이 그 사람을 너무 냉정한 사람이라고 해서 나는 그 사람에게 ____________ 을/를 가지고 있었다. 그런데 실제로 같이 일해 보니 자상한 성격이었다.

2. 전공과 관심 분야에 따라 사회 현상을 바라보는 ____________ 이/가 달라질 수 있다. 그래서 이 지역의 개발에 대한 경제학자와 환경학자의 시각이 서로 차이가 나는 것이다.

3. 최근 몇 년 간 우리 회사의 경영 실적이 좋지 않았다. 잘못된 것을 고치거나 개선하려는 ____________ 이/가 없다면 앞으로도 발전을 기대할 수가 없을 것이다.

4. 어떤 사람은 무슨 일을 하든지 적극적으로 하려고 하고 누구나 그래야 한다고 생각하지만 어떤 사람은 내가 꼭 하지 않아도 누군가가 할 수도 있고 그게 꼭 나쁜 것이라고 생각하지 않는다. 이런 차이야말로 ____________ 의 차이라고 할 수 있다.

5. 최근 집에서 아이들을 돌보며 살림하는 남편이 꾸준히 늘고 있다고 한다. 이러한 일들을 통해서 집안일은 여자가 하는 것이라는 전통적인 ____________ 이/가 깨지고 있음을 알 수 있다.

6. '찾아가는 사진관'은 고객이 스튜디오로 와서 사진을 찍는 것이 아니라 사진관이 고객을 찾아간다는 ____________ (으)로 성공을 거둔 사업 중 하나다.

7. 20세기 초의 세계는 강한 나라가 약한 나라를 지배하는 것이 당연하다는 ____________ 을/를 가지고 식민 지배를 합리화했다.

어휘와 표현 2

다음을 읽고 ________에 알맞은 말을 써넣으세요.

애쓰다　　드러내다　　사소하다　　기가 막히다　　대수롭지 않다

그와 나는 오래된 연인이다. 주변 사람들은 우리가 당연히 결혼할 것으로 믿고 있다. 하지만 나는 요즘 심각하게 결혼에 대해서 다시 생각해 보고 있다. 우리는 연애를 시작한 지 오래되어서 서로에게 별로 가슴 설레지 않는다는 것이 첫째 이유이다. 어떻게 보면 이제 연인이라기보다 거의 가족과 같다. 게다가 최근에는 자주 싸우기도 하는데 심각한 일로 싸우는 것이 아니라 아주 1)____________ 일로부터 싸움이 시작된다. 싸우고 나서는 화해를 하려고 2)____________도 않는다. 게다가 기분이 나쁠 때도 굳이 감정을 숨기려고 하기보다 다 3)____________ 때문에 가끔 마음의 상처를 입는다. 어떨 때는 그가 분명히 잘못해 놓고 오히려 화를 내서 4)____________ 때도 있다. 처음에는 5)____________ 일이라고 여겼으나 그런 일이 반복될수록 우리가 정말 연인이 맞나 하는 생각에 빠지게 된다. 우리가 과연 결혼을 해야 하는 걸까?

어휘와 표현 3

________에 알맞은 말을 써넣으세요.

시각　　현상　　실체　　평면　　삼차원

* **정육면체**
여섯 개의 똑같은 면으로 이루어진 입체.

1. 정육면체*는 여섯 개의 ____________(으)로 이루어져 있다.

2. 운동을 하지 않고 식사 조절만으로 살을 뺐을 경우 시간이 지나면 도로 살이 찌는 요요 ____________이/가 나타나게 된다.

3. 한국 경제가 빠른 속도로 발전하면서 한국을 보는 국제 사회의 ____________은/는 이전과는 비교할 수 없을 만큼 달라졌다.

4. 유럽의 어떤 호수에는 괴물이 살고 있다는 목격담이 끊이지 않고 있어 사람들의 호기심을 자극한다. 하지만 아직 이 괴물의 ____________에 대해서는 알려진 바가 없다.

5. 우리가 살고 있는 우주는 ____________의 공간이다. 그러나 물리학자들은 사차원의 공간도 존재한다고 주장하고 있다.

문법과 표현 4

V-다시피 하다

A 다음 표를 보고 문장을 만들어 보세요.

1	나 혼자 일을 다 하다
2	할머니가 우리 형제들을 다 키우다
3	할 일이 많은데도 매일 게임만 하다
4	매일 점심을 굶다

1. 친구가 늦게 와서 나 혼자 일을 다 하다시피 했다.

2. 엄마가 직장에 다니셔서 ______________________.

3. 게임이 너무 재미있어서 ______________________.

4. 회사 일이 너무 바빠서 ______________________.

B ________ 에 알맞은 말을 써서 문장을 완성해 보세요.

1. 지금 시험 기간이지요? 어떻게 공부하고 있어요?

   ______________________.

2. 새로운 일을 하기 위해서는 창의적인 발상이 필요하다. 그러나 이런 창의적 발상은 매일 ______________(밤을 새우다) 일한다고 해서 얻어지는 것은 아니다. 오히려 작업 현장을 벗어나서 충분한 휴식을 취하는 것이 도움이 될 때가 많다.

3. 예전에 우리 언니는 어떤 유명한 가수를 너무 좋아했다. 언니 방에 들어가면 벽을 그 가수의 사진으로 거의 ______________(도배하다) 해 놓았었다. 그리고 직접 얼굴을 보기 위해 친구들과 함께 그 가수의 집 앞으로 매일 ______________(출근하다).

문법과 표현 5

A/V-(으)ㄴ 나머지

A 다음 표를 보고 문장을 만들어 보세요.

1	그립다	꿈을 꾸다
2	섭섭하다	눈물이 나다
3	긴장하다	실수를 하다
4	화가 나다	

1. 가족을 못 만난 지 오래되어서 너무 그리운 나머지 날마다 꿈을 꾼다.

2. 아무도 내 생일을 축하해 주지 않아서 너무 ______________________.

3. 면접시험 보던 날 나는 너무 ______________________ ______________.

4. 친구가 한 시간이나 늦게 나타나자 너무 ______________________ ______________.

B ______ 에 알맞은 말을 써서 문장을 완성해 보세요.

1. 영화 어땠어요? 마지막 이별 장면이 너무 슬펐지요?

   네. ______________________.

2. 그때 밖에서 쿵쾅하는 큰 소리가 나고 건물이 흔들리기까지 하는 것 같았다. 우리는 너무나 ______________(놀라다) 비명을 지르며 밖으로 뛰어나왔다. 모두들 ______________(당황하다) ______________ 신발도 제대로 못 신고 나왔다.

3. 대부분의 사람들은 고정 관념에 ____________ 사물을 있는 그대로 바라보지
사로잡히다
못하는 경우가 많다. 이런 현상은 우리가 객관적인 판단을 하는 것을 방해하곤 한다.

문법과 표현 6

A/V-(으)ㄹ 법하다

A 관계있는 말을 연결하고 ________에 알맞은 말을 써넣으세요.

1	날씨가 많이 따뜻해지다 •	• 벌써 도착하다
2	놀라운 일이다 •	• 꽃이 피다
3	한 시간 전에 떠나다 •	• 뉴스에나 나오다
4	한 시간이나 늦게 오다 •	• 화가 나다

1. 봄이 되니까 날씨가 많이 따뜻해졌죠?
   네. 이런 날씨면 꽃이 필 법한데 올해는 아직 안 피네요.

2. 정말 ____________. 그런 일이 바로 옆에서 일어나다니 믿어지지가 않아요.
   글쎄 말이에요. 정말 ____________.

3. ____________ 왜 아직도 안 올까요?
   글쎄요. ____________.

4. 정말 기가 막혀서……. 어제 민수 씨가 ____________.
   그래요? 미영 씨가 ____________.

B ________에 알맞은 말을 써서 문장을 완성해 보세요.

1. 합격자 발표가 아직 안 나왔대요?

   네. 지금쯤이면 ______________________________.

2. 갑자기 횡단보도로 튀어나오는 아이, 바로 차 옆으로 휙 지나가는 오토바이, 누구나 운전을 하다 보면 한 번쯤 ______________(경험해 봤다) 아찔한 순간들이다. 교통사고를 줄이기 위해서는 운전자나 보행자나 모두 주위를 살피고 조심하는 게 중요하다.

3. 새로운 도전의 성패는 얼마나 새로운 시각으로 접근했느냐에 달려 있다. 누구나 한 번쯤 ______________(해 봤다) 생각으로는 성공을 하기 어려울 것이다. 아무도 ______________(꿈꿔 보지 않았다) 창의적인 시각이 중요하다.

읽고 쓰기 7

다음을 읽고 질문에 답하세요.

언어로 보는 세상

아이들이 그림을 그릴 때 쓰는 크레파스에는 '살구색'이라는 색이 있다. 분홍과 주황의 중간 정도 되는 이 색의 이름은 예전에 '살색'이었다. 이 색깔이 한국인의 피부색과 일치하는 것도 아니었는데, 어쨌든 아이들은 이 색으로 사람의 얼굴을 칠하곤 했다. 우리나라에 다른 피부색을 가진 사람이 드물었을 때의 이야기다. 그러다가 '살색'이라는 말이 다른 피부색을 가진 사람에 대한 차별로 인식되면서 사회적인 반성의 과정을 거쳐 바로 이 ⓐ'____________'(으)로 바뀌기에 이른 것이다.

생각해 보면 이렇게 말 속에 존재하는 차별이나 편견은 의외로 많다. '한부모 가정'이라는 말도 처음에는 '결손 가정'이라고 했다. '결손'이란 말 그대로 '어느 부분이 없거나 잘못되어서 불완전하다'는 뜻이다. '잘못되고 불완전한 가정'이라니, 부모가 다 있지 않으면 잘못이라는 말인가. 다행히도 사람들의 노력 덕분에 이 단어 역시 ⓑ'____________'(이)라는 말로 바뀌어 쓰이고 있다.

또 다른 차별은 '장애인'과 비교하여 '비장애인'을 일컬을 때 쓰던 '정상인'이라는 말에서도 나타난다. 장애가 없는 사람을 '정상인'이라고 부른다면 장애인은 '비정상인'이 되고 만다. 장애가 있다고 해서 그 존재를 '비정상'이라고 보는 시각은 인간에 대한 기본 예의도 갖추지 못한 것이다. 최근에는 차차 ⓒ'____________'(이)라는 말이 자리를 잡아 가고 있다. 요즘은 결혼 안 한 사람을 '미혼'이라고 하는 대신에 '비혼'이라고 부르기도 한다. 결혼을 안 한 것이 결혼을 '아직' 안 하거나 '못 한' 것은 아니기 때문이다.

얼마 전 학생들이 교과서 속에서 찾아낸 인권 관련 차별 사례 중 '한 노인이 아들을 결혼시키고 딸을 출가시켰다'는 표현이 있었다는 보도를 본 적이 있다. 학생들은 아들은 독립적으로 결혼을 하는 존재인 데 비해서 딸은 아버지의 집에 속해 있다가 나가는 존재로 표현되고 있기 때문에 이를 ⓓ____________의 예로 꼽았다.

말에는 말하는 사람의 사고방식과 세계관이 그대로 담겨 있다. 좋은 생각뿐 아니라 차별적 관점이나 편견, 고정 관념 등이 고스란히 말에서 드러난다. 말을 가려서 하고 말 속에 담긴 뜻을 헤아려 말하는 것이 중요한 이유가 여기에 있다. 자신의 말로 인해 누군가가 차별받거나 상처를 입지 않도록 말을 하기 전에 한번 더 생각해 볼 일이다.

1. ⓐ~ⓒ에 들어갈 말을 써 보세요.

ⓐ ______________________

ⓑ ______________________

ⓒ ______________________

2. ⓓ에 들어갈 말로 알맞은 것을 고르세요.

① 인종 차별

② 성차별

③ 학력 차별

3. 한국어나 여러분 나라 말에서 편견이나 고정 관념, 차별적 관점을 보여 주는 말이 있으면 찾아서 그 의미와 함께 써 보세요.

XI 역사의 발자취

1 한강에 얽힌 역사

어휘 상황 변화

문법
- N을/를 바탕으로
- V-고 말다
- 이상에서 본 바와 같이

의사소통 기술 자기 나라 역사에 대해 정리하여 글 쓰기

2 이야기 속 인물

어휘 태도 및 평가

문법
- V-(으)ㄴ 후에야 (비로소)
- A/V-(으)ㄴ들
- A-(으)ㄴ/V-는 법이다

의사소통 기술 역사 인물 관련 일화를 소개하는 글 쓰기

3 여행으로 만나는 세상

어휘 경치 및 인상

문법
- A/V-되
- V-노라면
- N은/는 A/V-(으)ㅁ을 말해 주다

의사소통 기술 보성 녹차밭 기행문 읽고 내용 파악하기

1. 한강에 얽힌 역사

어휘와 표현

_______에 알맞은 말을 써넣으세요.

발달하다 교류하다 확장하다 지배하다 추진하다 주도권을 잃다

1. 우리 회사는 새로운 제품의 개발로 매출이 크게 증가하면서 점포 수를 많이 늘리게 되었다. 또한 기존의 매장들을 _______________ 공사도 진행 중이다.

2. 새로 임명된 장관은 취임 인사에서 앞으로 실시해 나갈 정책의 방향에 대해 힘주어 이야기했다. 무엇보다도 새로운 일자리를 만들어 내는 정책을 _______________ 나가겠다고 다짐했다.

3. 그 회사의 제품은 초기에 성공적으로 시장에 진입하여 놀랄 만한 매출을 올렸다. 그러나 얼마 되지 않아 다른 기업들이 비슷한 제품으로 경쟁에 뛰어들면서 매출이 감소하고 결국 시장에서 _______________ 말았다.

4. 15세기에는 유럽의 많은 국가들이 신대륙의 발견과 무역에 힘을 쏟았다. 이를 위해서는 배로 먼 길을 갈 수 있어야 했기 때문에 자연히 지도 제작법과 항해술이 _______________.

5. 인간은 고대로부터 지식을 쌓고 과학을 발전시킴으로써 자연을 _______________ 노력해 왔다. 그러나 인류가 지구를 정복한 것처럼 생각하고 있는 지금도 과연 그렇게 되었는지는 다시 생각해 보아야 할 일이다.

6. 한국의 중학생들과 미국 로스앤젤레스의 교민들이 활발하게 _______________ 정을 쌓고 있다. 이번 여름 방학에도 중학생 20명이 미국 LA 교민들의 초청을 받아 한 달 동안 LA를 돌아보고 영어 연수도 한 뒤 돌아올 예정이다.

어휘와 표현 2

관계있는 것끼리 연결하고 ______ 에 알맞은 말을 써넣으세요.

제도를 •	• 통과하다 •	• 정치를 하기 위한 방법을 만들다
지리적으로 •	• 정비하다 •	• 실제가 아닌 어떤 상황이 생겼다고 생각하다
관문을 •	• 마련하다 •	• 반드시 지나야 하는 문을 지나다
정책을 •	• 유리하다 •	• 법, 관습 등을 잘 다듬다
경우를 •	• 가정하다 •	• 위치나 길의 사정이 다른 곳보다 좋다

1. 처음 의료 보험 제도를 만들 때는 예상하지 못했던 문제들이 나타남에 따라 점차 ______ 필요가 생겼다.

2. 복지가 발달한 나라의 정책을 받아들이는 것도 중요하지만 더 많은 연구를 통하여 우리나라의 실정에 맞는 ______ 것이 중요하다.

3. 최종 600명을 선발하는 이번 공무원 공채 시험에 2만 8천여 명이 응시했으며 이 중 66%가 필기시험에 합격하여 첫 번째 ______.

4. 이 공장은 항구에서 가까운 곳에 세워져서 운송비를 절약할 수 있기 때문에 다른 공장들에 비해 ______ 위치를 차지하고 있다.

5. 정부는 유행하는 질병이 급속히 확산되어 감염자가 늘어날 ______ 대비책을 마련하고 있다.

어휘와 표현 3

다음을 읽고 ________에 알맞은 말을 써넣으세요.

건국 멸망 통일 문명 이점 여건 위협 충돌

황하, 이집트, 메소포타미아, 인더스 등 인류의 4대 1)____________이/가 일어난 곳은 모두 커다란 강 유역이었다. 이러한 특징은 한국 역사 속의 한강에서도 발견할 수 있다. 한강 유역은 이미 삼국 시대부터 그 지리적 2)____________ 때문에 이곳을 차지하기 위한 수많은 전쟁이 일어났던 곳이다. B.C. 57년에 신라, B.C. 37년에 고구려, B.C. 18년에 백제가 3)____________ 되었는데 이 세 나라는 안으로는 체제를 정비하고 밖으로는 영토 확장을 위한 전쟁을 벌였다. 그중 백제가 가장 먼저 한강 유역을 차지하였고 그 유리한 4)____________을/를 바탕으로 급속히 성장하였다. 그러나 남진 정책을 추진하던 고구려와 5)____________하여 결국 한강 유역을 잃고 말았다. 고구려는 백제뿐 아니라 신라에게도 6)____________이/가 되었으나 신라는 백제와 함께 대항하였고 553년에 한강 유역을 완전히 지배하게 된다. 이것은 후에 신라가 삼국을 7)____________하는 데 기초가 되었다. 반면에 한강 유역을 빼앗긴 백제와 고구려는 점차 쇠퇴하여 각각 660년과 668년에 8)____________하게 된다. 이처럼 한국 역사에서 한강 유역을 차지한다는 것은 곧 한반도를 지배한다는 것을 의미하였다.

문법과 표현 4

N을/를 바탕으로

A 다음 표를 보고 문장을 만들어 보세요.

1	같은 이름의 소설	이 영화
2	앞선 기술력	커다란 성공
3	풍부한 상상력	미래 산업
4	많은 경험	

1. 감독은 몇 년 전에 나온 같은 이름의 소설을 바탕으로 하여 이 영화를 만들었다.

2. 그 회사는 ____.

3. 젊은이들은 ____.

4. 선생님들은 ____.

B ________에 알맞은 말을 써서 문장을 완성해 보세요.

1. 이 드라마의 내용은 원작 소설과 많이 다른가요?

   아뇨, ____.

2. 최근 실제 역사적 사건을 소재로 한 소설들이 많이 출간되고 있다. 이 작품들은 작가가 새로운 시각에서 사건을 현대적인 해석으로 재창조하고 있으나 기본적으로는 ________________ ________________(역사적 사실) 하고 있다.

3. 그 배우가 언론과의 인터뷰에서 자신의 액션 연기는 ________________(태권도) 한 것이라고 밝혀 화제가 되고 있다. 그는 앞으로도 ________________(한국의 전통 무술) ________________ 다양한 연기를 선보이겠다고 말했다.

문법과 표현 5

V-고 말다

A 관계있는 말을 연결하고 ________에 알맞은 말을 써넣으세요.

몸살이 나다 •	• 포기하다
값이 너무 비싸다 •	• 눕다
너무 슬프다 •	• 가방을 떨어뜨리다
깜짝 놀라다 •	• 울다

1. 무리하게 운동한 탓에 결국 몸살이 나서 눕고 말았다.

2. 갑자기 친구가 탁 치는 바람에 ____________________.

3. 처음에는 잘 참았는데 헤어질 때는 ____________________.

4. 자전거를 사려고 했는데 ____________________.

B ________ 에 알맞은 말을 써서 문장을 완성해 보세요.

1. 마이클 씨, 저번에 시작한 역사책 번역은 어떻게 되었어요?

   너무 어려워서 ____________________.

2. 국민과 지도자가 한마음으로 화합할 때 나라를 지키는 일이 가능하다. 역사적으로도 그렇지 못한 ____________________ (나라들이 망하다).

3. 고구려의 왕자와 낙랑국의 공주는 서로 사랑에 빠졌으나 두 사람의 사랑은 끝내 이루어지지 못하고 ____________________ (비극으로 끝나다). 고구려가 낙랑국을 쳐들어왔을 때 사랑을 위해 나라를 버린 공주는 결국 왕의 손에 죽음을 당했으며 후에 왕자도 억울한 일로 ____________________ (목숨을 끊다) 고 전해진다.

문법과 표현 6

이상에서[위에서, 앞에서] 본[말한, 이야기한] 바와 같이

A 다음 표를 보고 문장을 만들어 보세요.

1	종교	역사의 일부
2	역사	과거와 현재의 대화
3	경복궁	특별한 의미가 있는 공간
4	이 책	

1. 이상에서 본 바와 같이 종교는 역사의 일부라고 할 수 있다.

2. ______________________________.

3. ______________________________.

4. ______________________________.

B ________에 알맞은 말을 써서 문장을 완성해 보세요.

1. 학생 : 교수님, 농사가 잘되면 왜 문화가 발달하게 됩니까?
   교수 : ______________________________
   ______________________________.

2. 고구려, 백제, 신라 삼국은 한강 유역을 차지하기 위해 수많은 전쟁을 했다. 백제가 가장 먼저 한강 유역을 차지하였으나 나중에 신라가 지배하면서 백제도 쇠퇴하고 고구려도 한반도에서 주도권을 잃게 되었다. ______________________________
   한강 유역은 각국의 흥망과 깊은 관계가 있다
   ________ 정도로 역사적 중요성이 컸다.

3. 얼굴색으로 사람의 건강 상태를 알 수 있다. 얼굴색은 그 사람의 정신적, 육체적 건강 상태를 나타내 준다. 질병에 걸린 사람은 얼굴빛이 좋지 않다. 몸은 건강해도 마음이 괴로운 사람 역시 얼굴빛이 좋을 리가 없다. ______________________________
   얼굴은 사람의 건강을 말하다
   ________ 주는 거울이라고 해도 과언이 아니다.

쓰기 7

다음 <A>와 같이 여러분 나라의 역사에 대해 정리하고 <B>와 같이 글로 써 보세요.

<A>

한강과 한국의 역사

한강 유역 지배를 위한 삼국의 전쟁

- 백제의 한강 유역 지배 : 한강 유역의 지리적 여건, 철기 문화를 바탕으로 성장, 중국과의 교류를 통해 문화 발전
- 고구려의 남진 정책 : 백제와의 전쟁을 통해 한강 유역 차지 (475)
- 백제, 신라의 대항 : 백제가 하류 지역, 신라가 상류 지역 차지 (551)
- 신라의 한강 유역 완전 지배 (553) : 중국과 통하는 해로 획득, 삼국 통일의 기초 마련, 백제의 쇠퇴, 고구려의 주도권 상실

<B>

한강과 한국의 역사

한강 유역 지배를 위한 삼국의 전쟁

삼국 가운데 가장 먼저 한강 유역을 차지한 나라는 백제였다. 백제는 한강 유역의 지리적 여건과 철기 문화를 바탕으로 급속히 성장했고 서해를 통해 중국과 교류하면서 문화를 발달시켰다. 그러나 남진 정책을 추진하는 고구려와 충돌이 계속되면서 475년에 백제는 500년 가까이 지배했던 한강 유역을 잃고 말았다.

고구려의 남진은 백제뿐 아니라 신라에도 위협이 되었으므로 백제와 신라는 함께 고구려에 대항하였다. 마침내 551년에 고구려로부터 한강 유역을 다시 빼앗아 백제가 하류 지역을, 신라가 상류 지역을 각각 차지하였다. 그러나 불과 2년 후인 553년에 신라는 백제가 차지한 지역마저 빼앗아 한강 유역을 완전히 지배하게 되었다. 이로써 신라는 서쪽으로 직접 중국과 통하는 해로를 얻었고 고구려와 백제를 억누르면서 삼국 통일의 기초를 마련할 수 있었다. 반면에 한강 유역을 빼앗긴 백제는 이후 점차 쇠퇴하였고 고구려도 한반도에서 주도권을 잃게 되었다.

〈A〉

__________의 역사

____

- __________
- __________
- __________
- __________

〈B〉

__________의 역사

____

2. 이야기 속 인물

어휘와 표현 1

_______ 에 알맞은 말을 써넣으세요.

중시하다 열중하다 힘쓰다 무시하다 소중하게 여기다 모범을 보이다

1. 나는 어제 음악을 듣는 데에 너무 _______________ 집에 동생이 들어오는 줄도 모르고 있다가 나중에 동생을 보고 깜짝 놀랐다.

2. 어느 조직에서든지 아랫사람이 잘못했을 때 그냥 그 사람을 탓하는 것보다는 윗사람이 먼저 _______________ 것이 바람직한 일이다.

3. 자기 자신의 가치를 알고 자신을 _______________ 것이야말로 행복해지기 위해 꼭 필요한 일이다.

4. 요즘 젊은이들은 개성을 매우 _______________ 분위기에서 자라나서 남과 똑같이 하는 것을 싫어하는 경향이 있다.

5. 그분은 평생 '우리말 살려 쓰기'에 _______________ 분입니다. 글 쓰는 사람이라면 그분이 쓰신 책을 꼭 한 번은 읽어야 할 것입니다.

6. 지난주에 지하철역 근처에서 신호를 _______________ 달리던 트럭이 맞은편에서 좌회전하던 택시와 충돌하여 사고를 냈다고 한다.

어휘와 표현 2

________에 알맞은 말을 써넣으세요.

엄격하다	강직하다	고지식하다	검소하다	융통성이 있다
지혜롭다	유능하다	자상하다	관대하다	

1. 그 사람은 마음이 넓고 다른 사람을 잘 용서하는 ________________ 사람이다.

2. 어려운 일이 생겼을 때 여러 사람이 의논하여 생각을 모으면 혼자 생각할 때보다 더 ________________ 어려움을 이겨 낼 수가 있다.

3. 군인들은 아주 작은 실수도 용납되지 않는 ________________ 훈련을 받고 나서 전투에 투입된다.

4. 그 사람은 항상 바른 길을 가려고 하고 불의와 타협하지 않는 매우 ________________ 분이라고 했다.

5. 우리 아버지는 모든 일을 정해진 규칙대로만 하려고 하시고 가능하면 예전에 하던 방식으로 처리하려고 하셔서 좀 ________________는 소리를 들으신다.

6. 이 학교에는 똑똑하고 책임감이 있으며 실력 있는 ________________ 젊은이들이 많다.

7. 우리 선생님은 남자 분이신데 마치 어머니처럼 작은 일까지도 세심하게 챙기시고 배려를 하셔서 정말 ________________로 소문이 났을 정도다.

8. 우리 사장님은 오랫동안 절약하는 것이 습관이 되어서 하루 종일 돈 쓸 일이 없다고 하실 정도로 ________________.

9. 만약 환경이 많이 바뀌어서 계획대로 일을 진행하기가 어렵다면 어느 정도는 ________________ 계획을 바꿔서 일이 잘되도록 하는 것이 중요하다.

어휘와 표현 3

다음을 읽고 ________에 알맞은 말을 써넣으세요.

함부로 　 다투다 　 꾸벅꾸벅 졸다 　 고단하다 　 어이가 없다

옛날 어느 마을에 한 똑똑한 소년이 살고 있었다. 이 소년의 집에는 커다란 감나무가 한 그루 있었는데 이 나무에는 맛있는 감이 많이 열려 있었다. 그런데 나무가 커서 가지가 옆집으로 넘어가는 바람에 문제가 생겼다. 옆집 하인들이 그 가지에 달린 감을 따서 먹었기 때문이다.

두 집안의 하인들이 서로 1)________________ 소리를 듣고 나온 소년이 옆집 하인들을 꾸짖었다. "아니, 누가 우리 집 감나무의 감을 2)________________ 따 먹는단 말이냐?" 그러나 오히려 옆집 하인들은 감나무 가지가 담을 넘어왔으니 거기 달린 감은 자기들 것이라고 주장했다.

소년은 옆집을 찾아갔다. 옆집은 권율 장군의 집이었는데 소년은 주인의 방 앞에 이르러 갑자기 주먹으로 방문을 쳐서 팔을 방문 안으로 쑥 집어넣었다. 방 안에 앉아 있던 노인은 종일 책을 읽느라 3)________________ 마침 4)________________ 있다가 깜짝 놀라 깨어 보니 웬 주먹이 방 안으로 쑥 들어와 있는 게 아닌가. 이 장면을 보고 5)________________ 노인이 무슨 일이냐고 소리치자 소년은 "이 주먹이 누구의 주먹입니까?" 하고 물었다. 노인이 "그야 당연히 네놈의 주먹이지 누구의 주먹이겠느냐?" 하고 소리치자 소년은 그렇다면 담을 넘어온 가지의 감은 누구의 것이냐고 물었다. 그제야 자세한 사실을 알게 된 노인은 자기 집 하인들에게 그날부터 그 감을 따 먹지 말라고 했다.

이 소년이 나중에 권율 장군의 사위가 되며 조선 선조 때의 문신으로 임진왜란 때 병조 판서로 활약하고 후에 영의정의 자리에까지 오른 오성 이항복이다.

문법과 표현 4

V-(으)ㄴ 후에야 (비로소)

A 다음 표를 보고 문장을 만들어 보세요.

1	전통을 잃어버리다	소중함을 알다
2	시간이 지나다	지금의 노력이 빛을 보다
3	가족들이 모두 집에 들어오다	잠자리에 들다
4	사랑하는 사람이 떠나다	

1. 우리는 전통을 잃어버린 후에야 비로소 소중함을 알게 되는 것 같다.

2. 나중에 ______________________________.

3. 어머니는 ______________________________.

4. 옆에 있을 때는 모르다가 ______________________________

______________________________.

B ________에 알맞은 말을 써서 문장을 완성해 보세요.

1. 환자 : 그럼 저는 검사하고 나서 바로 수술을 하게 되나요?

   의사 : 아뇨. 수술 여부는 검사 결과가 ______________________________.

2. 네덜란드의 화가 빈센트 반 고흐는 서양 미술사상 가장 위대한 화가로 여겨진다. 그러나 그의 작품은 그가 살아 있을 때는 인정을 받지 못했고 ______________________________ (세상을 떠나다)

   ______________________________.

3. 신라 시대의 위대한 스님이었던 원효 대사가 당나라로 유학을 가던 길에 일어난 일이다. 원효 대사는 어느 날 밤, 잠을 자다가 목이 말라 일어나서 옆에 있던 바가지의 물을 맛있게 마셨다. ______________________________ (아침이 되다) 그 바가지가 사람의 머리뼈인 것을 알게 되었다. 원효 대사는 그 일을 계기로 세상의 모든 일은 사람의 마음에 달려 있음을 깨닫고 가던 길을 다시 되돌아왔다고 한다.

문법과 표현 5

A/V-(으)ㄴ들

A 다음 표를 보고 문장을 만들어 보세요.

1	사람들이 책을 읽지 않다	도서관에 좋은 책이 많다
2	마감 시간이 다 되다	지금 서두르다
3	건강을 잃다	아무리 재산이 많다
4	실천을 안 하다	

1. 사람들이 책을 읽지 않는데 도서관에 좋은 책이 많은들 무슨 소용이 있겠어요?

2. ______________________________?

3. ______________________________?

4. ______________________________?

B ________에 알맞은 말을 써서 문장을 완성해 보세요.

1. 민수 씨가 여행 안 간다는데 수지 씨가 가서 얘기 좀 잘 해 보세요.
   ______________________________?

2. 이 책은 고향에 돌아가 농사를 지으며 사는 한 노인이 쓴 것이다. 그 노인은 농사를 지으며 자연의 이치를 깨닫고 진정으로 '잘 사는 것'의 의미가 무엇인가에 대하여 우리에게 질문을 던진다. 만약 서로 도와 가며 '더불어' 살아가는 지혜가 없다면 ______________(돈이 많다) 무슨 소용이 있느냐고.

3. 부모가 살아 계실 때 효도를 다하라는 가르침이 있다. 돌아가신 후에 ______________(후회를 하다) 아무 소용이 없기 때문이다. 그러나 살아 계실 때 잘해 드리지 못하고 돌아가신 후에야 가슴을 치는 게 자식인 것 같다.

문법과 표현 6

A-(으)ㄴ/V-는 법이다

A 관계있는 말을 연결하고 ______ 에 알맞은 말을 써넣으세요.

1	즐거운 일이 있다	가족 생각이 나다
2	몸이 아프다	슬픈 일도 있다
3	계속 노력하다	성공하다
4	같은 잘못을 자꾸 하다	화가 나다

1. 인생에서 즐거운 일이 있으면 또 슬픈 일도 있는 법이다.

2. 보통 때는 잘 지내다가도 ______________________.

3. 일이 아무리 힘들더라도 ______________________.

4. 몇 번은 그럴 수 있지만 ______________________.

B ______ 에 알맞은 말을 써서 문장을 완성해 보세요.

1. 시험에서 좋은 결과를 얻기 위해서는 어떻게 해야 할까요?
   열심히 해야죠. ______________________.

2. 더운 여름이 가고 벌써 선선한 바람이 부는 가을이 왔다. ______________________(봄이 가면 여름이 오다)
   ______________________, ______________________(여름이 가면 가을이 오다).
   사람의 인생도 계절과 같아서 누구도 ______________________(시간의 흐름을 거역할 수 없다).

3. 어떤 일을 완성하려면 우선 그 일을 시작해야 한다. 그리고 꾸준히 해 나가다 보면 처음엔 끝이 안 보이던 일도 나중엔 ______________________(결과가 나오다). 역사적으로 위대한 인물들은 자기가 할 일을 정하면 일단 그것을 시작해서 마침내 완성해 냈다는 공통점이 있다.

쓰기 7

다음 〈A〉, 〈B〉와 같이 여러분이 소개하고 싶은 인물에 대해 정리하여 글을 써 보세요.

〈A〉

인물	일화	인물의 특성 및 평가
▪ 이순신 장군 조선 시대의 위대한 장군	▪ 추운 겨울에 면회 온 아내와 아이를 근무 시간이라는 이유로 만나지 않고 기다리게 함	▪ 강직한 성격으로 역사에 길이 남는 위대한 인물이 될 수 있었음

〈B〉

이순신 장군의 일화

이순신 장군은 임진왜란에서 큰 공을 세운 조선 시대의 위대한 장군이다. 이순신 장군에게 이런 일화가 있다. 이순신 장군이 발포 만호로 있던 어느 날 눈이 내리는 추운 겨울에 장군의 부인이 어린 자식을 데리고 면회를 왔다. 당시에 군인들은 근무 중에는 면회가 금지되어 있는데 장군이나 지휘관은 이 규칙을 지키지 않는 경우가 많았다. 그러나 이순신 장군은 근무 시간이 끝나도록 아내와 아이를 기다리게 하고 만나지 않았다. 근무가 다 끝난 후에야 비로소 아내를 만난 장군은 "당신이 규칙을 어기면 다른 병사들의 가족 또한 규칙을 무시할 것 아니오? 그렇다면 규칙이 있은들 무슨 소용이 있겠소? 윗사람이 먼저 모범을 보여야 군의 기강이 세워지는 법이오. 앞으로는 근무 시간에는 절대 면회를 오지 마시오."라고 말했다. 이러한 장군의 강직한 성품이야말로 훌륭한 지휘관으로서 부하들을 이끄는 힘이었으며 모두가 존경하는 위대한 인물이 되는 데 바탕이 되었다.

〈A〉

인물	일화	인물의 특성 및 평가
▪	▪	▪

〈B〉

_______________의 일화

3. 여행으로 만나는 세상

어휘와 표현 1

관계있는 말을 연결하고 ______ 에 알맞은 말을 써넣으세요.

절경이다　　장관이다　　환상적이다　　빼어나다　　웅장하다

(경치가)	환상적이다	경치나 모양이 현실이 아닌 것같이 아름답고 뛰어나다
(경치가/행진이/공연이)	절경이다	크기나 소리가 아주 크고 훌륭하다
(경치가/모양이)	장관이다	경치나 외모, 솜씨가 여럿 가운데 훨씬 좋다
(경치가/외모가/솜씨가)	웅장하다	경치가 더 이상 좋을 수 없을 정도로 아름답다
(건물이/음악이)	빼어나다	경치나 행진, 공연이 아주 크고 멋있어 볼만하고 구경할 것이 많다

1. 설악산은 한국에서 가장 유명한 산 중의 하나인데 다른 산과 달리 바위가 많다. 초록색 나무와 하얀색 바위가 어울린 경치는 정말 이 세상에서 쉽게 볼 수 없는 ______________.

2. 우리 반 학생들 중에서 수지의 노래 솜씨가 가장 ______________. 얼마 전에 같이 노래방에 가서 노래를 불렀는데 친구들이 모두 놀랐다.

3. 지난여름에 제주도에 있는 주상절리를 보러 갔었는데 바위의 모양이 정말 아름답고 특이해서 현실이 아니고 마치 꿈을 꾸는 것같이 ______________.

4. 며칠 전에 국군의 날 행사에 가 봤는데 수천 명의 군인들이 행진하는 모습이 정말 훌륭하고 볼만했다. 정말 ______________.

5. 지난번 해외여행 때, 이집트에 있는 피라미드에 가 봤는데 규모가 정말 크고 대단히 ______________.

어휘와 표현 2

다음을 읽고 ________에 알맞은 말을 써넣으세요.

유적지 문화재 걸작 휴양지 민속 건축물

한국에서 여행할 계획이신가요? 어디에 가 보실 계획입니까? 한국에 대해 잘 모르신다면 먼저 경주에 가 보시기 바랍니다. 경주는 천 년 동안 신라의 수도였기 때문에 시내 전체가 신라 시대의 1)__________(이)라고 해도 과언이 아닐 정도로 시내 곳곳에 신라 시대의 흔적이 남아 있습니다. 신라 시대에 지어진 절로서 문화적 가치가 뛰어나서 2)__________(으)로 지정된 불국사도 구경할 수 있습니다. 불국사에서 멀지 않은 곳에 석굴암이 있는데 석굴암에 있는 불상은 그 아름다움과 뛰어난 예술성으로 세계적인 3)__________(으)로 인정받고 있습니다.

만약 조선 시대 일반인들의 생활이나 문화 등을 보고 싶다면 경기도 용인에 있는 한국민속촌을 추천합니다. 조선 시대 생활 모습을 직접 경험해 보고 다양한 4)__________ 놀이도 해 볼 수 있는 곳입니다. 여기에 있는 5)__________들은 조선 시대에 지어진 것은 아니지만 조선 시대 모습을 그대로 재현해 놓았습니다.

그냥 조용히 관광하고 쉴 만한 6)__________을/를 찾으신다면 제주도를 추천합니다. 아름다운 바다와 다양한 볼거리가 여러분의 지친 몸을 편안하게 해 줄 것입니다.

답답한 일상생활에서 벗어나 아름다운 자연과 따뜻한 사람들의 정을 느껴 보고 싶지 않으세요? 망설이지 마시고 배낭을 챙겨서 여행을 떠나 보시기 바랍니다.

어휘와 표현 3

________에 알맞은 말을 써넣으세요.

인상적이다 감동적이다 감탄하다 흥미롭다

1. 재미있는 일을 찾으세요? 그렇다면 오늘 밤 청계천에서 열리는 축제에 꼭 와 보세요. 누구나 재미있게 즐길 수 있는 ____________ 행사들이 많이 준비되어 있어요.

2. 그 영화에서 두 남녀는 사랑하지만 헤어졌다가 10년 만에 다시 만나게 되는데 다시 만나는 장면이 너무 ____________ 눈물이 나왔다.

3. 경주에서 무엇이 가장 ____________ 묻는다면 시내 곳곳에 있는 커다란 무덤들이라고 하겠다. 푸른 잔디로 덮인 수많은 무덤들이 지금도 눈에 선하다.

4. 설악산의 단풍은 정말 아름답고 놀랍다. 11월에 설악산 꼭대기에 올라가서 내려다보면 그 아름다운 모습에 ________________ 않을 수 없다.

기억에 남다　　가슴에 남다　　감회가 새롭다　　정취를 느끼다　　마음을 사로잡다

5. 나는 20년 전에 외교관이신 아버지를 따라서 한국에서 산 적이 있었다. 고향에 돌아가서 살다가 20년 만에 다시 한국에 와서 여행을 하니 정말 ________________.

6. 안동 하회 마을에 가서 수백 년 된 오래된 집들 사이를 걷다 보면 마치 내가 조선 시대에 와 있는 듯한 ________________ 수 있다.

7. 마이클에게 왜 한국에서 살게 됐느냐고 물었더니 한국의 문화가 ________________ 때문이라고 한다.

8. 이번 여행에서 제일 ________________ 것은 동해에서 바라본 일출이었다. 오랫동안 잊을 수 없을 것 같다.

9. 여행지의 아름다운 경치는 쉽게 잊어버릴 수도 있지만 사람들과의 좋은 추억은 ________________ 아주 오랫동안 기억된다.

문법과 표현 4

A/V-되

A 다음 표를 보고 문장을 만들어 보세요.

1	불고기를 맛있게 만들다	양념에 재우다
2	한국어를 빨리 배우다	한국 사람과 많이 이야기를 하다
3	다양한 문화를 많이 접하다	여행을 많이 하다
4	시험을 잘 보다	

1. 불고기를 맛있게 만들려면 어떻게 해야 돼요?

양념에 재우되 30분 이상 두어야 해요.

2. ______________________________?

______________________________.

3. ______________________________?

______________________________.

4. ______________________________?

______________________________.

B ________에 알맞은 말을 써서 문장을 완성해 보세요.

1. 학생 : 교수님, 세미나를 해야 하는데 강의실을 좀 사용해도 되겠습니까?

교수님 : 그래요, ______________________________.

2. 한글날을 기념하여 서울시에서는 외국인 말하기 대회를 개최한다. 외국인이라면 누구나 참가 신청을 할 수 있다. ______________________________

9월 16일까지 신청하다, 인터넷

______________________________.

3. 한국의 문화를 직접 체험해 보기 위해 민박을 하는 것은 좋은 방법이다. 하지만 민박집 중에는 검증되지 않은 곳이 많으니 ______________________________

민박, 추천하는 곳

______________________________.

문법과 표현 5

V-노라면

A 다음 표를 보고 문장을 만들어 보세요.

1	그 음악은 우리 나라 음악과 비슷하다	듣고 있다
2	각 나라마다 문화와 사고방식이 다르다	세계를 여행하다
3	담배에는 중독성이 있다	조금씩 피우다
4	그 여자는 성격이 좋다	

1. 그 음악은 우리 나라 음악과 비슷해서 듣고 있노라면 고향 생각이 난다.

2. ______________________________.

3. ______________________________.

4. ______________________________.

B ________에 알맞은 말을 써서 문장을 완성해 보세요.

1. 한국에 온 지 6개월이 지났는데 아직도 음식이 입에 안 맞아서 걱정이라고 했더니 나보다 1년 먼저 한국에 온 친구가 ______________________________
______________________________.

2. 덕수궁에 있는 돌담길은 내가 전에 사귀던 여자 친구와 자주 걷던 길이다. 지금은 헤어졌지만 아직도 이 길을 ______________________________.

3. 다른 나라의 말을 배우는 것만큼 어려운 일도 없을 것이다. 몇 달을 공부해도 말이 늘지 않고 그대로인 것 같은 느낌이 들 때는 정말 절망적이다. 하지만 포기하지 않고 계속 ________
______________________________.

문법과 표현 6

N은/는 A/V-(으)ㅁ을 말해 주다[보여 주다, 알려 주다, 나타내다]

A 관계있는 말을 연결하고 문장을 만들어 보세요.

1	페트병 밑의 삼각형 표시 •	• 일이 잘못되다
2	지하철의 노약자석 표시 •	• 노인과 임산부를 위한 자리이다
3	그 사람의 어두운 표정 •	• 가을이 다가왔다
4	아침저녁으로 선선한 날씨 •	• 재활용품이다

1. 페트병 밑의 삼각형 표시는 이 페트병이 재활용품임을 보여 준다.

2. ______________________________.

3. ______________________________.

4. ______________________________.

B ________에 알맞은 말을 써서 문장을 완성해 보세요.

1. 수지 씨, 상품 진열대 앞에 쓰여 있는 '매진'이 무슨 뜻이에요?

   그건 ______________________________.

2. 호텔 직원의 말에 의하면 바다까지 30분만 걸으면 된다고 했는데 호텔에서 나와서 한참을 걸었지만 바다는 나오지 않았다. 가끔 하늘에 보이는 갈매기만이 ________________ ______________________________.
   (바다가 멀지 않다)

3. 수지 씨는 감정이 얼굴에 잘 나타나는 사람이다. 입을 꾹 다물고 말이 없는 것은 뭔가 ________ ______________________________.
   (기분 나쁜 일이 있었다)

읽기 7

다음 글을 읽고 물음에 답하세요.

보성 녹차밭 기행

지난 토요일 한국 녹차의 대표적인 생산지인 보성으로 여행을 다녀왔다. 원래 녹차를 좋아하기 때문에 꼭 가 보겠다고 몇 년 전부터 생각해 오던 곳이었다. 토요일 오전 10시 5분, 용산역에서 보성으로 가는 무궁화호에 올랐다.

보성 녹차밭은 전라남도 보성군에 위치하고 있는데 한국에서 생산되는 녹차의 40%가 이 지역에서 생산된다고 한다. 원래 봄에 가야 보성 녹차밭의 매력을 제대로 감상할 수 있다고 하는데 10월 말에 만나는 보성 녹차밭의 경치 역시 충분히 아름답고 내 마음을 사로잡았다.

녹차밭에 들어가기 전에 삼나무 숲이 나오는데 가늘고 길게 뻗은 삼나무가 길 양쪽으로 쭉 늘어서 있는 것이 장관이었다. 삼나무 길을 따라서 10분 정도 ⓐ걷노라면 매표소가 나오는데 입장료가 2,000원이었다.

넓고 푸른 녹차밭에는 붐비는 인파가 없어서 도심에서 느끼지 못한 여유로움이 느껴졌다. 넓은 공간이지만 녹차밭의 일정한 높이와 자연스럽게 연결된 모양이 녹차밭 주인들이 일 년 내내 쉬지 않고 열심히 일했음을 말해 주는 것 같았다.

녹차밭 사이로 난 길을 걸어서 중앙 전망대에 도착했다. 그곳에서는 녹차밭이 한눈에 들어오기 때문에 사진 찍는 사람들로 꽉 차 있었다. 혹시 사람들은 모두 도시의 복잡함에서 벗어나 이 아름답고 여유로운 순간에 멈추고 싶어 하는 것이 아닐까 혼자 생각했다.

매표소 근처의 기념품 판매소에서는 녹차에 관련된 다양한 제품을 팔고 있었다. 녹차, 가루녹차, 녹차 화분, 녹차 다기 등. 열심히 기념품을 고르고 있는 사람들 틈에 끼어 나도 녹차 화분을 하나 사 들고 나왔다. 이제 내 방에서도 매끈한 녹차 잎을 매일 볼 수 있다고 생각하니 기분이 좋았다.

저녁 9시, 깨끗한 공기를 마시고 온통 푸른 녹차밭 속에서 몸도 마음도 가벼워지고 밝아진 느낌으로 서울로 향하는 열차에 다시 올랐다.

1. 다음 중 윗글의 내용으로 맞는 것을 고르세요.

① 지은이는 지난 가을 1박 2일의 일정으로 보성 녹차밭에 다녀왔다.

② 보성 지역에서는 한국 녹차 생산량의 40%가 생산된다.

③ 지은이는 녹차, 가루 녹차, 녹차 화분 등 다양한 기념품을 샀다.

2. ⓐ와 바꿔 쓸 수 있는 것을 고르세요.

① 걸어서

② 걷다가

③ 걷다 보면

3. 지은이는 무엇을 보고 녹차밭 주인들이 성실히 일한다고 느꼈습니까?

① 가늘고 길게 뻗은 삼나무 길

② 다양한 기념품 종류

③ 잘 정돈된 녹차밭

XII 과학과 미래

1 과학 기술과 윤리

어휘 생명 윤리와 과학 기술의 성과

문법
- N에 대한 논란이 있다
- A/V-다는 지적이 있다
- A/V-다는 점을 인정하다

의사소통 기술 인간 복제 허용에 대해 찬반 입장으로 논술문 쓰기

2 생활 속의 발명품

어휘 제품

문법
- N은/는 물론이려니와
- V-기 나름이다
- V-는 추세이다

의사소통 기술 로봇 청소기 사용 후기 읽고 내용 파악하기

1. 과학 기술과 윤리

어휘와 표현

관계있는 말을 연결하고 ________에 알맞은 말을 써넣으세요.

삶의 질을	얻다	사람으로서 가지는 높고 엄숙한 가치를 손상하다
해결책을	높이다	해결할 방법을 내놓다
동의를	낳다	어떤 행위에 대해 다른 사람의 찬성을 얻다
인간의 존엄성을	제시하다	생활 환경 등을 개선하여 생활 수준을 더 높게 만들다
우려를	훼손하다	걱정을 하게 만들다

1. 국민 전체의 ________________ 위해서는 정부가 경제 발전뿐만 아니라 소득의 분배 문제에도 신경을 써야 한다.

2. 사람이 사람의 생명을 만들어 내는 인간 복제는 ________________ 것이라는 점에서 논란이 계속되어 왔다.

3. 전국적으로 확산되고 있는 독감에 대한 국민들의 불안감이 점점 커지고 있지만 이에 대해 정부는 뚜렷한 ________________ 못하고 있다.

4. 낡은 아파트를 헐고 새 아파트를 건축하기 위해서는 현재 살고 있는 주민들의 ________ ________________ 한다.

5. 인간 복제에 대한 연구를 허용하는 것은 미래에 생명 경시 현상을 초래할 것이라는 ________ ________________ 있다.

어휘와 표현 2

다음을 읽고 ________에 알맞은 말을 써넣으세요.

혜택 부작용 우려 위험성 해결책

> 정부는 인구가 감소하는 문제를 해결하기 위해 자녀를 2명 이상 낳은 가정에 양육비를 보조하는 등 특별한 1)__________을/를 주는 정책을 도입할 예정이다. 하지만 이 정책이 인구 감소에 대한 근본적인 2)__________이/가 될지는 아직 불확실하다. 이러한 정책은 인구 감소 문제의 근본적인 원인인 미혼 인구 증가나 과도한 사교육비 문제 등을 해결해 주는 것이 아니기 때문에 오히려 3)__________을/를 초래할 가능성도 높다는 4)__________이/가 전문가들 사이에서 나오고 있다. 정책 실패의 5)__________을/를 최소화하기 위해서는 문제의 원인에 대한 조사가 먼저 이루어져야 한다는 점을 잊어서는 안 된다.

어휘와 표현 3

________에 알맞은 말을 써서 문장을 완성해 보세요.

생명 윤리 인권 존중 생명의 존엄성 생명 경시 인권 침해

1. __________ 풍조가 날로 심해지는 것 같다. 어제도 한 남자가 아무 이유 없이 그냥 길을 걸어가는 행인들에게 칼을 휘둘러 세 명이 숨지는 불행한 일이 발생했다.

2. 미성년자를 성폭행한 사람에게 전자 발찌를 채우는 법안에 대해 __________(이)라고 생각하여 반대하는 사람도 있으나 더 많은 사람의 인권을 보호하기 위해서는 필요하다는 의견이 대부분이다.

3. 텔레비전 뉴스를 보다 보면 종종 범죄자들이 마스크나 모자를 이용해서 자신의 얼굴을 가리고 나오는 것을 볼 수 있는데, 경찰에 의하면 이것은 범죄자의 __________을/를 위한 것이라고 한다.

4. 인간의 생명에 대한 연구는 반드시 그것이 옳은 일인가 하는 판단, 즉 __________ 안에서 이루어져야 한다. 그렇지 않으면 인류에게 큰 재앙을 가져올 수도 있다.

5. 사형 제도가 문제가 되는 이유는 생명의 귀함, 즉 __________ 때문이다. 인간에게 다른 인간의 생과 사를 결정할 권한이 과연 있는가에 대한 논란을 피해 갈 수 없다.

문법과 표현 4

N에 대한 논란이 있다[뜨겁다/일다],
A-(으)ㄴ가/V-는가에 대한 논란이 있다[뜨겁다/일다]

A 관계있는 말을 연결하고 문장을 만들어 보세요.

1	연속된 사고	골프장	건설을 허용하다
2	사교육비 증가	자동차	금지하다
3	환경 파괴에 대한 우려	과외	안전하다
4	휴대 전화 보급	공중전화	필요하다

1. 연속된 사고로 새로 개발된 자동차가 안전한가에 대한 논란이 일고 있다.
   연속된 사고로 새로 개발된 자동차의 안전에 대한 논란이 일고 있다.

2. ______________________________.
   ______________________________.

3. ______________________________.
   ______________________________.

4. ______________________________.
   ______________________________.

B ________에 알맞은 말을 써서 문장을 완성해 보세요.

1. 기자 : 교수님이 보시기에 올해 가장 큰 논란이 되었던 문제가 무엇이라고 생각하십니까?

   김 교수 : 바로 ______________________________ 아니었을까 합니다. 인간을 복제하는 문제는 단순히 과학의 문제가 아니라 윤리의 문제와도 연결되는 정말 어려운 문제죠.

2. 오랫동안 우리 사회에는 ______________________. 인간이 인간을 법을 통해 죽이는 것이 잘못됐다고 생각하십니까? 아니면 사회를 보호하기 위해 어쩔 수 없는 선택이라고 생각하십니까? 오늘 토론에서 같이 이야기해 보도록 하겠습니다.

3. 얼마 전에 발견된 화가 김OO의 그림이 ______________________ 가운데 그
진품
그림의 소유자는 전문가들에게 위탁하여 진품인지를 감정받기로 했다.

문법과 표현 5

A/V-다는 지적이 있다[많다]

A 관계있는 말을 연결하고 문장을 만들어 보세요.

1	회비 20만 원	사거리의 교통사고를 유발하다
2	잘못된 신호 체계	지구 온난화를 초래하다
3	무분별한 지나친 개발	학생에게 큰 부담이 될 것이다

1. 회비 20만 원은 학생에게 큰 부담이 될 것이라는 지적이 있다.

2. ______________________.

3. ______________________.

B ________에 알맞은 말을 써서 문장을 완성해 보세요.

1. 기자 : 이번 경기 불황의 원인은 어디에 있다고 보십니까?
   김 교수 : 여러 가지 원인이 있겠지만 지나친 ______________________
   부동산 투기가 경기 불황을 초래하다
   ______________________.

2. 주민들의 동의 없이 어떤 지역을 개발하는 것은 주민들의 ______________________
   재산권을 침해하는 일이다
   ______________________ 정부는 이에 대한 대책을 내놓지 못하고 있다.

A/V-다는 점을 지적하다

A 다음 표를 보고 문장을 만들어 보세요.

1	농구 코치	혈압이 너무 높다
2	의사	안전표지가 부족하다
3	전문가들	공을 잡는 방법이 잘못되다

1. 농구 코치는 내가 농구하는 모습을 보고 공을 잡는 방법이 잘못됐다는 점을 지적했다.

2. ______________________________.

3. ______________________________.

B ______에 알맞은 말을 써서 문장을 완성해 보세요.

1. 마이클, 얼마 전에 허리가 아파서 한의원에 다녀왔다면서? 어땠어?

   좋았어. 내 생활에 대해 이것저것 묻더니 ______________ (운동량이 부족하다) ______________ 평소에 할 수 있는 간단한 스트레칭을 알려 줬어.

2. 식당의 위생 상태를 검사하러 나온 구청 직원은 그 식당 주방이 ______________ (청결하지 않다) ______________ 3일 내로 다시 검사를 받으라고 했다.

문법과 표현 6

A/V-다는 점을 인정하다[부인할 수 없다]

A 다음 표를 보고 문장을 만들어 보세요.

1	폭설에 대한 준비 부족	교통마비 초래
2	지나친 경쟁	사교육비 증가
3	인간 복제	인간의 존엄성 침해
4	외국어 공부	

1. 폭설에 대한 준비 부족이 교통마비를 초래했다는 점을 인정해야 한다.
2. ______________________________.
3. ______________________________.
4. ______________________________.

B ________ 에 알맞은 말을 써서 문장을 완성해 보세요.

1. 김 과장 : 이번 일의 성공에 누구의 공이 제일 컸다고 생각하나?
   이 대리 : 모두들 열심히 일했지만 직접 거래처 사장을 찾아가서 설득한 최 대리의 공이 ______________________________.
2. 지난 휴가 때 묵은 펜션은 인터넷에 나온 아름다운 사진과는 달리 별로 아름답지 않은 곳이었지만 직원들이 ______________________________.
3. 형제들은 서로 자주 다투고 싸우지만 어려울 때 의지할 수 있는 가장 ________ ______________________________.

쓰기 7

다음 표에 인간 복제의 혜택과 문제점을 간단히 써 보고 인간 복제에 대해 찬성하는 글 또는 반대하는 글을 써 보세요.

혜택

1. ______________________

2. ______________________

3. ______________________

4. ______________________

5. ______________________

문제점

1. ______________________

2. ______________________

3. ______________________

4. ______________________

5. ______________________

인간 복제를 허용해야 하는가?

과학과 의학의 발달로 인간을 복제하는 일이 현실로 다가오게 되었다. 인간 복제를 통해 인류가 얻을 수 있는 혜택이 다양하지만 이에 못지않게 문제점도 많기에 인간 복제를 허용하는 문제에 대한 찬반 논란이 뜨겁다. 나는 이 문제에 대해 찬성/반대하는 입장이다. 그 이유는

위에서 밝힌 바와 같이

나는 이러한 인간 복제 기술이

기를 희망한다.

2. 생활 속의 발명품

어휘와 표현 1

❁ 관계있는 말을 연결하고 ________에 알맞은 말을 써넣으세요.

가격 •	• 하는 일, 역할, 작용 •	
기능 •	• 값 •	• 300L, 500L, 800L, ……
기술력 •	• 어떤 것을 만드는 데 쓰이는 재료 •	• 온도 조절, 시간 안내, ……
소재 •	• 유용한 것을 개발, 처리하는 능력 •	• 7만 2천 원, 199,000원, ……
실용성 •	• 쓰이는 곳 •	• 삼성, 현대, LG, ……
용도 •	• 실제로 쓸모가 있음, 그런 특성 •	• 플라스틱, 강철, ……
용량 •	• 제품을 만든 회사 •	• 가정용, 업소용, 산업용, ……
제조사 •	• 들어갈 수 있는 물건의 양 •	

1. 지난달 새로 나온 자동차는 뛰어난 디자인으로 소비자의 이목을 집중시켰으나 비싼 ________________ 때문에 경쟁력이 있을지는 의문이다.

2. 그 회사는 별로 알려지지 않은 작은 회사였지만 탄탄한 ________________을/를 바탕으로 성장을 거듭하여 창립 10년 만에 업계 7위 안에 드는 유명한 회사가 되었다.

3. 노트북은 무게를 가볍게 하는 것이 매우 중요하기 때문에 우리 회사에서는 좀 더 튼튼하면서도 더욱 가벼운 ________________을/를 찾아내기 위해 노력하고 있다.

4. 이 세탁기는 빨래의 양에 따라 세제와 물의 양을 자동 조절하고 마지막에 빨래를 건조시키는 ________________까지 추가하여 소비자의 사랑을 받고 있다.

5. 비슷한 제품인데도 ______________ 에 따라 값에 차이가 날 수 있기 때문에 어떤 제품을 구입할 때는 미리 가격 비교 사이트에 들어가서 가격을 확인하는 것이 좋다.

6. 냉장고를 사용할 때 음식물이 가득 차 있으면 찬 공기가 잘 돌지 않기 때문에 냉장고 ______________ 의 60~70% 정도만 채우고 사용하는 것이 좋다고 한다.

7. 사무실용 건물을 주거용으로 사용하려면 구청에 ______________ 변경 신청을 해서 허가를 받아야 한다.

8. 이 등산복은 디자인도 좋지만 아주 가볍고 따뜻하여 실제로 산에 갈 때 편하게 입을 수 있도록 ______________ 을/를 최우선으로 하여 제작되었다.

어휘와 표현 2

다음을 읽고 ________ 에 알맞은 말을 써넣으세요.

통신　발명품　화질　시행착오　추세　영상　가전　보급률

과학의 발달은 우리의 생활을 나날이 더 편리하게 바꾸어 놓고 있다. 일반 가정에서 사용하는 TV, 냉장고와 같은 1)__________ 제품에서부터 현대인의 필수품이 된 휴대 전화와 같은 2)__________ 기기에 이르기까지 수많은 제품들이 과학의 발달로 다양하게 개발되고 있다. 특히 휴대 전화는 점점 사용이 증가하는 3)__________ 여서 한국의 경우 그 4)__________ 이/가 1인당 1대를 넘었을 정도이다. 사람들은 더 많은 정보를 원하고 그것을 얻기 위해서 더 좋은 휴대 전화, 더 좋은 컴퓨터를 사고자 한다. 나아가서 더 깨끗한 5)__________ 의 TV, 카메라, PDA 제품으로 원하는 6)__________ 을/를 보고자 한다. 이러한 사람들의 요구를 채워 주기 위해 지금 이 시간에도 새로운 제품, 새로운 7)__________ 이/가 하루가 멀다 하고 쏟아져 나오고 있다. 그중에서 정말로 편리하고 유용하며 세련된 제품들만이 소비자에게 선택을 받고 살아남는 것 같다. 이러한 제품의 개발은 많은 시간과 노력이 들어가는 것이기도 하지만 또한 많은 8)__________ 을/를 겪은 것이기에 더 귀중하다는 생각을 하게 된다.

어휘와 표현 3

관계있는 말을 연결하고 ________에 알맞은 말을 써넣으세요.

획기적으로 •	• 보이다 •	• 기계의 기능이 더 좋게 고쳐지다
신선도를 •	• 바꾸다 •	• 신선한 정도를 계속되게 하다
다용도로 •	• 개선되다 •	• 처음 사람들에게 보여 주다
첫선을 •	• 유지하다 •	• 새로운 시대가 열릴 만큼 다르게 바꾸다
성능이 •	• 추구하다 •	• 많은 용도로 잘 사용하다
시간에 •	• 활용하다 •	• 시간 때문에 뭔가 하지 못하거나 방해를 받다
편리함을 •	• 구애를 받다 •	• 편리한 것을 바라고 구하다

1. 제품의 가격을 낮추기 위해서는 제품 생산 과정을 ________________ 않으면 안 된다는 판단에 따라 곧 공장의 구조를 크게 변경할 계획이다.

2. 기존 제품보다 훨씬 ________________ 새 노트북은 다양한 기능이 추가되어 소비자들로부터 데스크톱 못지않다는 평가를 받고 있다.

3. 밤늦게 피아노를 치면 이웃에 방해가 되기 때문에 얼마 전에 디지털 피아노를 사서 이제는 ________________ 않고 연습을 한다.

4. 새로 개발된 자동차는 내년 서울 모터쇼에서 ________________ 예정이며 현재 자세한 사항은 모두 비밀로 되어 있다.

5. 냉장고 문을 자주 여닫으면 그 안에 보관하고 있는 음식물의 ________________ ________ 어렵기 때문에 가능하면 자주 열지 않는 것이 중요하다.

6. 갈수록 소비자들이 ________________ 보니 쇼핑도 그에 맞춰 점점 온라인상에서 이루어지는 추세라고 할 수 있다.

7. 보통 아파트에 있는 다용도실은 세탁실로 많이 쓰이는데 생각하기에 따라 훨씬 더 ________
________________ 수 있는 공간이다.

문법과 표현 4

N은/는 물론이려니와

A 관계있는 말을 연결하고 ________에 알맞는 말을 써넣으세요.

1	디자인이 뛰어나다	다른 사람에게도 좋은 영향을 미치다
2	자신에게 좋은 영향을 미치다	돈이 부족하다
3	시간이 없다	성능도 뛰어나다
4	앞으로의 상황을 예측할 수 없다	대비책도 마련할 수 없다

1. 이 자동차는 디자인은 물론이려니와 성능도 매우 뛰어나다.

2. 적극적인 자세는 ________________________.

3. 지금 새로운 일을 시작하기에는 ________________________.

4. 자료가 불충분해서 ________________________.

B ________에 알맞은 말을 써서 문장을 완성해 보세요.

1. 이 집에 처음 와 보셨죠? 고기 맛이 아주 좋죠?
   네. ________________________.

2. 이 영화는 불치병으로 고통받는 큰 아이의 치료를 위해 동생을 낳은 한 가족의 이야기이다.
   영화 속에서 ________________________도 함께 묘사하면
   언니의 고통, 동생의 고통

서 가족의 깊은 사랑을 그리고 있어 잔잔한 감동을 준다.

3. 외부 에너지가 필요 없는 '에너지 제로 주택'에 대한 관심이 높아지고 있다. 이런 주택은 태양열과 풍력, 지열 등을 이용하기 때문에 ______________ (냉난방비, 전기 요금) 이 한 푼도 들지 않는다. 많은 나라에서 앞으로는 모든 주택을 '에너지 제로 주택'으로 짓도록 의무화할 것으로 보인다.

문법과 표현 5

V-기 나름이다

A 다음 표를 보고 문장을 만들어 보세요.

1	행복하게 살다	자기가 마음먹다
2	영어 성적이 오르다	자기가 공부하다
3	자동차를 오래 타다	본인이 관리하다
4	성공하다	

1. 어떻게 하면 행복하게 살 수 있을까요?
   그건 자기가 마음먹기 나름이지요.

2. 이 학원에 다니면 ______________?
   그건 ______________.

3. 어떻게 하면 ______________?
   그건 ______________.

4. 이 사업을 하면 ______________?
   ______________.

B ________에 알맞은 말을 써서 문장을 완성해 보세요.

1. 인생을 어떻게 하면 즐겁게 살 수 있을까요?

   ______________________________.

2. 직장인을 대상으로 한 새로운 저축 상품이 나왔다. 이 저축은 직장인의 월급 통장을 활용하여 매월 일정한 금액을 저축하는 방식으로 이자율이 높은 편이다. 저축 금액과 기간은 고객이 ______________(정하다).

3. 한 시사 주간지가 선정한 올해의 50대 발명품에는 가전제품과 자동차 관련 제품들이 많이 들어 있어 눈길을 끌었다. 또한 친환경 제품들도 많았는데 이러한 새로운 발명품이 앞으로 인간에게 유용한 물건이 되느냐 못 되느냐 하는 것은 ______________(우리가 그것을 사용하다) ______________ 할 수 있다.

문법과 표현 6

V-는 추세이다

A 다음 표를 보고 문장을 만들어 보세요.

1	요즘 젊은 사람들	독신자가 늘어나다
2	PC의 하드 디스크 용량	최근에는 몇 배를 넘다
3	채식주의자의 증가	육류 소비가 줄어들다
4	요즘 전자 제품 소비자	

1. 요즘 젊은 사람들 중에 독신자가 늘어나는 추세이다.

2. 과거에는 500GB 정도이던 ______________________________.

3. 최근 건강에 대한 관심과 함께 ______________________________.

4. ______________________________.

B ______ 에 알맞은 말을 써서 문장을 완성해 보세요.

1. 최근 새로운 자동차의 연료로 어떤 것이 많이 연구되고 있습니까?

   ______________________________. (전기, 식물성 기름)

2. 최근 감자가 사과보다 3배나 많은 비타민 C를 가지고 있다는 사실이 알려지면서 감자의 인기가 날로 ______________ (높아지고 있다). 특히 감자는 열을 가해도 비타민 성분이 파괴되지 않는 특성이 있고 비타민 외에 다른 영양소도 풍부한 영양가 높은 식품이다.

3. 과거에 유행하던 개인 홈페이지 대신 몇 년 전부터 블로그 사용자가 ______________ (증가하고 있다). 개인 홈페이지보다 사용하기 쉽고 간편한 블로그는 개인의 일상을 기록할 수 있을 뿐만 아니라 다른 사람들과 정보를 나눌 수 있다는 점에서 정보 시대의 훌륭한 매체로 역할을 충분히 해내고 있다고 본다.

읽기 7

다음을 읽고 질문에 답하세요.

File Edit View Favorites Tools Help

http://www.bitjaroo.com/customerservice

상품 게시판 이 상품에 대한 의견 / 질문 / 정보

고객 평가단>청소기>빗자루 로봇 8000

20xx/03/02 08:09 | 조회 : 480

오래전부터 로봇 청소기를 구입하고 싶었는데 가격도 만만치 않고 집에 진공청소기가 하나 있어서 선뜻 구입을 못 하고 있었습니다. 그런데 아기를 낳고 키우면서 점점 집안일이 많아져 아무래도 예전처럼 청소를 잘 할 수가 없는 탓에 결국 로봇 청소기를 구입하게 되었습니다. 제가 사용해 본 빗자루 로봇 8000 청소기의 사용 후기를 올려 봅니다. 이 제품은 크기도 적당하고 디자인도 괜찮은 편입니다. ⓐ ______ 은/는 다른 회사 제품에 비해 싼 편이지

만 성능은 절대 뒤지지 않습니다. 진공 청소는 물론이려니와 물걸레 청소 ⓑ__________까지 있어 아주 편리합니다. 침대 밑을 청소하기에 특히 좋고 나이 드신 분들도 사용하기 좋습니다. 제조사가 ⓒ__________을/를 인정받은 곳이니까 믿을 수 있죠.

사용 설명서도 잘되어 있어서 그것만 잘 읽어 보면 사용하는 데는 별 문제가 없습니다. 제가 기계를 잘 다루는 편이 아닌데도 아직까지 잘 사용하고 있거든요. 청소 시간은 원하는 대로 설정해 놓으면 되고, 빨간불이 깜박거리면 충전해 주면 되는데 집에 사람이 없을 때는 청소기가 혼자 움직여서 충전을 시작합니다.

물론 로봇 청소기가 완벽하게 청소를 해 주는 것은 아니지만 평소에는 이 청소기로 청소를 시키고 가끔 로봇이 닿지 않는 곳을 청소해 주면 완벽합니다. 로봇 청소기를 사용한 후 생활에 여유도 생기고 스트레스도 많이 풀렸어요. 여러분도 한번 사용해 보시기 바랍니다. ^^

1. 이 소비자가 로봇 청소기를 사게 된 이유는 무엇입니까?

① 로봇 청소기 값이 쌌다.

② 집에 청소기가 하나도 없었다.

③ 아기 때문에 청소를 자주 할 수 없게 되었다.

2. ⓐ~ⓒ에 들어갈 말로 적당한 것을 고르세요.

① ⓐ 가격 – ⓑ 기능 – ⓒ 기술력

② ⓐ 가격 – ⓑ 기술력 – ⓒ 기능

③ ⓐ 기술력 – ⓑ 가격 – ⓒ 기능

3. 이 글의 내용과 다른 것을 고르세요.

① 청소 시간은 사용자가 정할 수 있다.

② 이 사람은 평소 기계를 잘 다루는 사람이다.

③ 이 제품은 사용 설명서를 읽어 보면 잘 사용할 수 있다.

4. 이 청소기를 사용함으로써 좋아진 점은 무엇이라고 합니까?

______________________________.

XIII

문학의 향기

1 옥상의 민들레꽃

어휘 감정

문법
- A/V-았으면/었으면 하다
- N(이)라고는
- A/V-(으)련만

의사소통 기술 '옥상의 민들레꽃' 주인공이 되어 편지 쓰기

1. 옥상의 민들레꽃

어휘와 표현 1

❀ ________에 알맞은 말을 써넣으세요.

홀가분하다　　섭섭하다　　싫증(이) 나다　　부끄럽다　　속상하다　　답답하다

1. 고등학교 동창에게 오래간만에 전화를 했더니 지금 바쁘다면서 급히 전화를 끊었다. 사정을 이해는 하지만 ________________ 마음이 들었다.

2. 화려한 색깔과 디자인이 마음에 들어서 이 가방을 샀는데 오래 사용하다 보니 좀 ________________.

3. 프랑스의 한 시골을 여행하던 나는 식당에서 맥주를 주문하려고 했다. 그런데 아무리 영어로 설명을 해도 말이 통하지 않아서 결국 맥주를 못 마셨다. 의사소통이 되지 않는 것이 얼마나 ________________ 이 경험을 통해 깊이 느꼈다.

4. 나는 얼마 전에 직장에서 퇴직했다. 아이들은 모두 커서 분가하고 집에는 아내와 강아지 한 마리뿐이다. 요즘은 내 인생에서 할 일을 다 마쳤다는 ________________ 기분으로 살고 있다.

5. 새로 산 지 얼마 되지 않은 휴대 전화를 잃어버렸다. 디자인이 마음에 들어서 좀 비싸도 샀던 것인데 잃어버려서 얼마나 ________________ 모른다.

6. 우리 누나는 대학생, 고등학생 딸이 있는데 이번에 셋째를 임신했다. 가족과 친구들이 축하해 줬지만 누나는 늦은 나이에 아기를 가진 것이 몹시 ________________ 했다.

어휘와 표현 2

관계있는 말을 연결하고 ________에 알맞은 말을 써넣으세요.

한숨을 •	• 들이다 •	• 씨앗이나 뿌리 등에서 처음 어린잎이 나오다
가슴이 •	• 쉬다 •	• 자기의 마음을 다하여 노력하다
정성을 •	• 부풀다 •	• 희망이나 기대가 마음속에 가득하게 되다
싹이 •	• 트다 •	• 근심하거나 긴장이 풀릴 때 길게 숨을 내쉬다

1. 큰아들이 취직이 안 되고 작은아들도 대학 입학시험에 떨어져 부모님이 ________________ ________________.

2. 내 친구 은영이는 이번에 처음으로 자기 이름으로 된 제과점을 열 예정이다. 개업 준비로 바쁘지만 미래에 대한 기대로 ________________ 피곤한 줄도 모르는 것 같다.

3. 두 사람은 바로 옆 가게에서 장사를 하면서 급한 일이 있을 때 서로 도와주고 하다가 어느새 사랑의 ________________.

4. 요즘은 한약을 지으면 한의원에서 약을 달여 준다. 그러나 우리 어머니는 약은 무엇보다 ________________ 한다고 하시며 집에서 직접 달이신다.

어휘와 표현 3

다음을 읽고 ________에 알맞은 말을 써넣으세요.

독자 필자 주제 등장인물 줄거리 장편 소설 작가

File Edit View Favorites Tools Help

OOO 님의 블로그에 오신 것을 환영합니다

카테고리

최근에 올라온 글

최근에 달린 댓글

트랙백

링크

서울문고는 올해 한국 문학을 빛낸 작가 7명을 선정하여 여러 가지 행사를 마련했다. 지난 23일 오후 1)__________은/는 서울센터에서 열린 '○○○ 작가와 독자 100명의 즐거운 만남'에 참석했다. 이날 행사는 ○○○ 작가가 지난해 11월 출간한 2)__________에 대해 3)__________들과 직접 대화를 나누는 형식으로 진행되었다. 미리 인터넷으로 4)__________에게 하고 싶은 질문을 올린 독자들 중 초청된 사람들이 작가에게 질문을 던졌다. 이어서 이 작품의 5)__________인 '우리 시대의 가족의 의미'에 대한 대화가 이어졌다. 또 작품의 전체적인 6)__________와/과 소설에 나오는 7)__________의 성격 및 그들의 가족의 모습에 대해서도 진지한 대화가 오갔다. 앞으로 온라인, 오프라인에서 열리는 다양한 행사를 통해 독자들이 좋아하는 작가를 직접 만날 수 있는 기회는 더 많이 늘어날 것으로 보인다.

〈20xx. 12. 25.〉

어휘와 표현 4

다음을 읽고 ________ 에 알맞은 말을 써넣으세요.

어버이날　신통하다　장만하다　남부럽다　허겁지겁　정성을 들이다

해마다 어버이날이 다가오면 마음이 바빠진다. 우리 부모님은 예전에 부산에서 조그만 가게를 하시며 부자는 아니었지만 그래도 1)________ 않게 우리를 키우셨다. 그렇지만 새벽부터 밤까지 일을 하시느라고 항상 지치고 피곤한 나날을 보내셨다. 일하시다가 2)________ 들어오셔서 우리들 저녁을 챙겨 주시던 어머니 모습이 지금도 눈에 선하다. 또 우리가 공부를 하고 있으면 자기 일을 알아서 잘하는 게 3)________ 머리를 쓰다듬어 주시던 아버지 얼굴도 떠오른다. 부모님이 우리를 위해 애쓰셨던 것을 기억하며 나는 4)________이/가 되면 5)________ 만든 음식과 선물을 6)________ 부산에 가곤 한다. 이번에는 무얼 준비할까, 벌써부터 마음이 바쁘다.

문법과 표현 5

A/V-았으면/었으면 하다

A 관계있는 말을 연결하고 문장을 만들어 보세요.

1	아이가 그림에 재능이 있다 •	• 꼭 한번 만나 뵙고 싶어요
2	시간이 많지 않다 •	• 나중에 화가가 되기를 바랍니다
3	기회가 되다 •	• 조금 서둘렀으면 좋겠습니다

1. 아이가 그림에 재능이 있어서 나중에 화가가 되었으면 합니다.

2. ________________________________.

3. ________________________________.

B ______에 알맞은 말을 써서 문장을 완성해 보세요.

1. 대회를 앞두고 있는 선수들에게 바라는 점이 있다면 한 말씀 해 주시죠.

   선수들을 지도하는 사람으로서 저는 ______________________________

   ______________________________.

2. 부모님은 그가 나중에 커서 ______________________(의사가 되다). 그러나 그는 어렸을 때부터 간직해 온 꿈을 버릴 수가 없어서 결국 가수의 길을 걷게 된다. 지금은 그의 부모님도 아들을 자랑스럽게 생각하며 ______________________(훌륭한 가수가 되다) 이야기한다.

N이었으면 하다

A 관계있는 말을 연결하고 문장을 만들어 보세요.

1	이렇게 힘든 일은 •	• 약속을 잘 지키는 사람이기를 바란다
2	여기서 잠든 후에 •	• 한 번뿐이기를 바랍니다
3	우리 아이들은 •	• 깨어나는 곳은 고향 집이었으면 좋겠어요

(1 — 한 번뿐이기를 바랍니다: 연결선 예시)

1. 이렇게 힘든 일은 한 번뿐이었으면 합니다.

2. ______________________________.

3. ______________________________.

B ______에 알맞은 말을 써서 문장을 완성해 보세요.

1. 다음 주가 생일인데 어떤 선물을 받고 싶어요?

   ______________________________.

2. 우리가 서로에게 ______________________ (소중한 인연). 그리고 언젠가는 다시 만나 함께 살아갈 ______________________ (인생의 동반자). 멀리 떨어져 있어도 늘 잊지 말아 주세요.

문법과 표현 6

N(이)라고는

A 다음 표를 보고 문장을 만들어 보세요.

1	딸	한 명도 없다
2	가게	슈퍼마켓 하나밖에 없다
3	반찬	

1. 김 선생님 댁에는 아들이 네 명이다. 딸이라고는 한 명도 없다.

2. 이 동네는 물건을 살 곳이 거의 없다. ______________________.

3. 저녁 식탁 위에 먹을 만한 반찬이 없다. ______________________.

B ________ 에 알맞은 말을 써서 문장을 완성해 보세요.

1. 시골 생활을 시작해 보니 어때요? 생각보다 한가하지는 않죠?

   네. 농사짓느라고 무척 바빠요. 농촌 생활을 ______________________ 말할 수 없을 것 같아요.

2. 유명한 텔레비전 프로그램에 나온 한 학생이 놀랄 만한 노래 실력을 발휘해서 화제가 되고 있다. 어린 ______________________ (학생의 목소리) 상상할 수 없을 정도로 깊이 있고 아름다운 음색이 듣는 사람들을 감동시킨다. 더구나 텔레비전에 나오기 전 겨우 ______________________ (1주일 정도 연습한 실력) 믿을 수 없을 만큼 완벽한 소리를 들려주고 있다.

A/V-다고는

A 다음 표를 보고 문장을 만들어 보세요.

1	날씨가 풀렸다	아직 봄이 온 것은 아니다
2	아파트 가격이 내렸다	그래도 싼 것은 아니다
3	감기가 많이 나았다	

1. 날씨가 풀렸지만 아직 봄이 왔다고는 할 수 없다.

2. ______________________________.

3. ______________________________.

B ________에 알맞은 말을 써서 문장을 완성해 보세요.

1.  이 소설은 좀 ____________________ 않니?

 글쎄. 꼭 ____________________ 할 수 없을 것 같은데?

2. 시간이 나면 꼭 여행을 떠난다고 하면서도 제대로 가 본 적이 없다. 말로만 여행, 여행 하면서도 막상 떠나기가 어려운 것이다. 그렇지만 ____________________ (언제까지나 이렇게 살 것이다) 생각하지 않는다. 언젠가는 나도 행복한 여행을 떠나는 사람이 되었으면 한다.

문법과 표현 7

A/V-(으)려만

A 다음 표를 보고 문장을 만들어 보세요.

1	서로서로 도와주다	쉽게 할 수 있을 텐데
2	자식들이 가까이 살다	부모님을 자주 찾아뵐 텐데
3	평소에 조금씩 공부를 해 두었다	시험 때 힘들지 않을 텐데
4	조금이라도 시간을 낼 수 있다	

1. 서로서로 도와주면 쉽게 할 수 있으련만 그게 잘 안 되는군요.

2. ______________________ 너무 멀리 살고 있어서 쉽지가 않아요.

3. ______________________ 항상 전날 하느라고 고생을 해요.

4. ______________________ 요즘은 너무 바빠서 그럴 수가 없어요.

B ______에 알맞은 말을 써서 문장을 완성해 보세요.

1. 회사를 경영하면서 가장 어려운 점은 무엇인가요?

   네. 직원들이 ______________________
   ______________________.

2. 그분은 평생 불우 이웃을 위해 봉사하다가 돌아가셨다. 조금 더 사셨더라면 ______________________ 아쉽게도 너무 일찍 떠나셨다. 그러나 그분의
   (더 많은 뜻깊은 일을 하셨을 텐데)
   업적은 우리 사회에 큰 발자취를 남겼다.

3. 엄마가 입원해 계셔서 요즘 집안이 엉망이다. 식사도 그렇고 청소나 빨래 어느 것 하나 제대로 되는 것이 없다. 아버지도 집과 병원을 오가시느라 피곤하신 모양이다. 동생들이 ____________ 집안일을 좀 도우면 좋겠는데 ____________ 아무도 도와주지 않아 힘들다. 엄마가 ____________ 얼른 퇴원하시면 좋을 텐데 ____________ 회복하는 데에 시간이 걸려 당분간 퇴원은 어려울 것 같다.

쓰기 8

소설 '옥상의 민들레꽃'에서 '나'는 엄마나 다른 사람들에게 하고 싶은 말을 하지 못했습니다. 여러분이 '나'라면 어떤 말을 하고 싶습니까? ①과 ②중에서 선택하여 편지를 써 보세요.

① '나'가 엄마에게 쓰는 편지

② '나'가 사람들에게 쓰는 편지

모범 답안

모범 답안

Ⅶ. 대중문화

1. 뉴스 따라잡기

1 어휘와 표현 p.14

1) 일간지　　2) 경제지　　3) 영자 신문
4) 주간지　　5) 월간지　　6) 계간지
7) 생활 정보지

2 어휘와 표현 p.14

1) 사설　　2) 정치면　　3) 국제면
4) 연예면　　5) 문화면　　6) 스포츠면
7) 경제면　　8) 사회면

3 어휘와 표현 p.15

1. 물가가 인상돼서
2. 흑자가 났다
3. 호황
4. 경기가 회복되고 있다
5. 불황
6. 적자가 났다

4 어휘와 표현 p.16

1. 가격이	고려하다	새로 만든 제품을 처음 보이다
2. 신제품을	저렴하다	실제 상황을 잘 생각하다
3. 매출이	부족하다	값이 싸다
4. 현실을	줄이다	돈이나 물건을 덜 쓰다
5. 생필품이	선보이다	제품의 판매가 늘어나다
6. 씀씀이를	침체되다	경제 상황이 나아지지 않고 제자리에 머물러 있다
7. 경기가	증가하다	생활에 꼭 필요한 물건이 모자라다

1. 가격이 저렴한
2. 신제품을 선보이고
3. 매출이 증가하고
4. 현실을 고려한
5. 생필품이 부족하여
6. 씀씀이를 줄이고
7. 경기가 침체되어

5 문법과 표현 p.17
뭐니 뭐니 해도

A.

1. 음식을 맛있게 하다	운동을 하다
2. 감기가 빨리 낫다	재료가 좋다
3. 다이어트에 성공하다	휴식을 취하다
4. 휴가를 즐겁게 보내다	바닷가에 가다

1. 음식을 맛있게 하려면 뭐니 뭐니 해도 재료가 좋아야 한다
2. 감기가 빨리 나으려면 뭐니 뭐니 해도 휴식을 취하는 게 좋다
3. 다이어트에 성공하려면 뭐니 뭐니 해도 운동을 하는 게 효과적이다
4. 휴가를 즐겁게 보내려면 뭐니 뭐니 해도 바닷가에 가는 게 가장 좋다고 생각한다

B.
1. 그렇다면 뭐니 뭐니 해도 신문을 읽는 게 좋을 거예요
2. 뭐니 뭐니 해도 부모님 사랑
3. 뭐니 뭐니 해도 저축

6 문법과 표현 p.18
A/V-(으)리만큼, A/V-(으)리만치

A.
1. 너무 일을 많이 해서 그날은 일어설 힘도 없으리만큼[없으리만치] 지쳐 있었다
2. 비교할 사람이 없으리만큼[없으리만치] 아름다웠다
3. 믿을 수 없으리만큼[없으리만치] 많은 관객이 들었다
4. 생각하기조차 싫으리만큼[싫으리만치] 괴로운 일이다

B.
1. 무척 화가 나리만큼[나리만치]
2. 인생을 포기하고 싶으리만큼[싶으리만치] / 다시 돌아가고 싶지 않으리만큼[않으리만치]
3. 감동적이리만큼[감동적이리만치]

7 문법과 표현 p.19
N을/를 계기로

A.
1. 그는 한국인 친구를 만난 것을 계기로 한국어를 공부하게 되었다
2. 놓친 버스를 따라 달린 일을 계기로 육상을 시작하게 되었다고 한다
3. 요리에 대한 자신의 재능을 발견한 일을 계기로 직업을 바꾸게 되었다

B.
1. 어느 날 신문에서 재해 지역 난민의 생활을 다룬 기사를 봤어요 / 그 일을 계기로 자원봉사를 시작하게 되었지요
2. 그 일을 계기로

A-(으)ㄴ/V-는 계기가 되다

A.
1. 우연히 장애인 시설을 방문한 것이 자원봉사 활동을 시작하는 계기가 되었다
2. 노래를 잘한다는 칭찬을 들은 것이 성악을 전공하는 계기가 되었다
3. 그분의 강연을 들은 것이 내 인생의 방향을 바꾸는 계기가 되었다

B.
1. 미국에서 일할 때 한국 회사에서 일한 것이 한국어를 배우는 계기가 되었어요
2. 의사가 되기로 결심하는 계기가 되었다

8 읽기 p.21

1. (①) - (ⓑ) - (㉮)
2. (②) - (ⓐ) - (㉰)
3. (③) - (ⓒ) - (㉯)

2. 영화 속을 걷다

1 어휘와 표현 p.22

1) 감독　2) 관객　3) 장르
4) 상영 시간　5) 관람 등급　6) 개봉
7) 줄거리　8) 주연　9) 조연

2 어휘와 표현 p.22

1. 대사　2. 인물
3. 지문　4. 배경

3 어휘와 표현 p.23

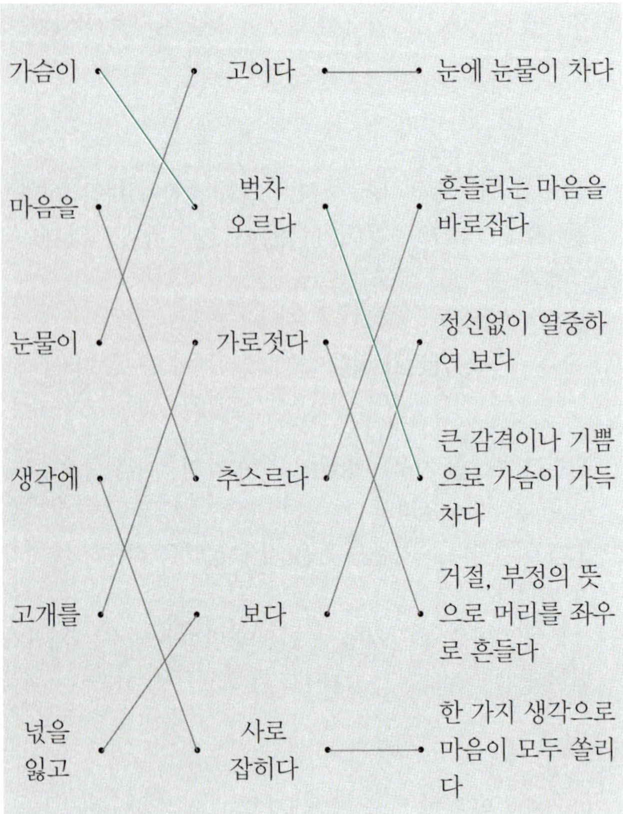

1. 가슴이 벅차오른다
2. 넋을 잃고 봤다
3. 마음을 추스르고
4. 눈물이 고였다
5. 고개를 가로저으며
6. 생각에 사로잡히면

4 문법과 표현 p.24

A/V-지(요), 뭐

A.
1. 시간이 늦어서 버스가 끊겼는데 어떻게 하지?
   택시를 타지, 뭐
2. 우리가 보려는 영화는 표가 다 팔렸는데 어떡하지?
   다른 영화를 보지, 뭐
3. 민수 씨가 전화를 안 받는데 어떡하지?
   내일 다시 전화해서 알려 주지, 뭐
4. 다음 주가 시험인데 아직도 시험공부를 안 했는데 어떡하지?
   아직 시간이 있으니까 이제부터 하지, 뭐

B.
1. 찾아 오겠지요, 뭐
2. 그냥 다른 거 보죠, 뭐
3. 내가 혼자 옮기지, 뭐

5 문법과 표현 p.25

그러더라고(요)

A.
1. 수미하고 영화 보러 안 갔어? 간다고 했잖아?
   응. 그런데 수미는 공포 영화를 싫어한다고 그러더라고
2. 보고서를 다시 쓰고 있어? 다 썼다고 했잖아?
   응. 그런데 교수님께서 내용이 부족하다고 그러시더라고
3. 민수가 회사를 옮겼어? 얼마 전에 취직했다고 했잖아?
   응. 그런데 일이 적성에 안 맞는다고 그러더라고
4. 마이클이 고향에 갔어요? 내년에 간다고 했잖아요?
   네. 그런데 친한 친구가 결혼한다고 그러더라고요

B.
1. 나중에 사라고 그러더라고요
2. 일찍 출발해야 한다고 그러더라고요
3. 좋다고 그러더라고

6 문법과 표현 p.27

A/V-다는 거야[거예요]

A.
1. 민수 씨, 왜 이렇게 화가 났어요?

글쎄, 어제 산 카메라를 바꾸러 갔는데 바꿔 줄 수 없다는 거예요
2. 왜 그렇게 한숨을 쉬어?
글쎄, 내가 아내에게 같이 모임에 가자고 여러 번 얘기했는데도 싫다는 거야
3. 뭘 그렇게 속상해 해?
글쎄, 내 모자를 친구에게 빌려줬는데 여행 갔다가 잃어버렸다는 거야
4. 마이클 씨가 아까부터 왜 저렇게 왔다 갔다 하고 있어요?
아까 책상 위에 지갑을 두었는데 아무리 찾아도 없다는 거예요

B.
1. 나한테 이번 학기에 장학금 받았으니 한턱 내라는 거야
2. 평일이라서 표를 예매하지 않고 그냥 갔더니 표가 다 팔렸다는 거예요
3. 입어 볼 수 없다는 거야

3. 광고와 소비자

1 어휘와 표현 p.30

1) 일자리 창출　2) 투자　3) 생산하여
4) 판매한다　5) 정가　6) 소비하는

2 어휘와 표현 p.30

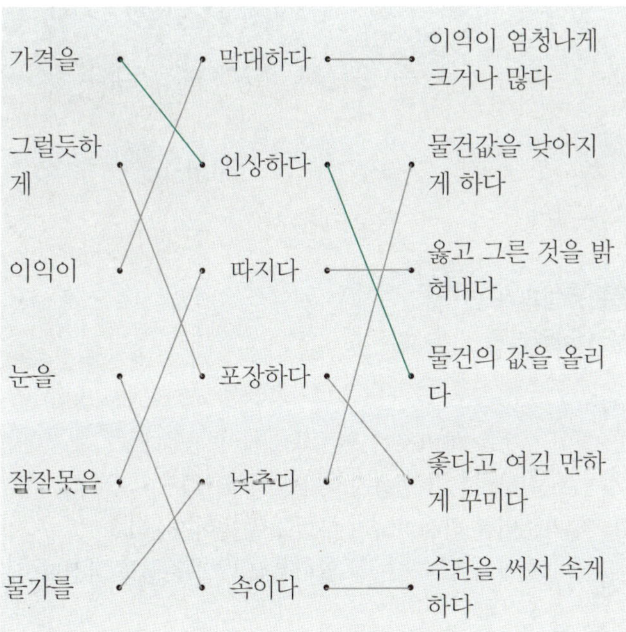

1. 가격을 인상했다
2. 물가를 낮추기
3. 이익이 막대하기
4. 그럴듯하게 포장한
5. 눈을 속인
6. 잘잘못을 따지는

3 어휘와 표현 p.31

1) 혜택　2) 효과　3) 낭비
4) 단가　5) 질

4 문법과 표현 p.32

A/V-겠거니

A.
1. 친구가 영화를 보자고 해서 표를 예매했겠거니 했는데 예매를 안 해 놓아서 결국 영화를 못 봤다
2. 혼자 해도 된다고 해서 잘했겠거니 했는데
3. 8시가 지나서 퇴근했겠거니 했는데

B.
1. 얘기했겠거니 하고 말씀드리지 않았습니다
2. 괜찮겠거니
3. 광고에서 거짓말은 안 하겠거니

N(이)겠거니

A.
1. 그 식당이 학교에서 멀지 않다고 해서 학교 근처겠거니 했는데 버스로 30분이나 가는 곳이었다
2. 기침이 나서 감기겠거니 했는데
3. 그 남자를 길에서 자주 만나서 그냥 우연이겠거니 했는데

B.
1. 바람 소리겠거니
2. 코미디 영화겠거니
3. 일시적인 현상이겠거니

5 문법과 표현 p.34
따지고 보면

A.

1. 국산 제품을 써야 한다고 하는 사람들이 많은데 따지고 보면 요즘은 100% 국산은 없다고 할 수 있다
2. 여자가 차별받는다고 생각하는 사람들이 많은데 따지고 보면 오히려 남자가 차별받는 경우도 많다
3. 두 사람이 닮았다고 하는 사람이 많은데 따지고 보면 두 사람은 다른 점이 더 많다
4. 이 자동차가 비싸다고 하는 사람들이 많은데 따지고 보면 기름이 적게 들어서 오히려 더 싼 셈이다

B.

1. 따지고 보면 마이클 씨의 잘못도 있어요
2. 따지고 보면 임금이 내려간 것이나 다름없다
3. 따지고 보면 별로 차이가 없다

6 문법과 표현 p.35
다시 말해서, 즉

A.

1. 투자할 때 돈을 한 곳에만 투자해서는 안 된다 / 다시 말해서 위험을 분산할 수 있도록 다양한 곳에 투자하는 것이 좋다
2. 취미 생활이 직장 생활보다 우선이 되어서는 안 된다 / 다시 말해서 취미는 자기 일을 다하고 나서 시간이 나면 즐기는 것이어야 한다
3. 광고를 보면서 소비자는 비판적이어야 한다 / 즉, 상품 광고에 대해 소비자가 스스로 판단할 수 있어야 한다
4. 교육 문제는 정부의 힘만으로 해결할 수는 없다 / 즉, 정부와 학부모, 학생이 모두 함께 노력해야 해결할 수 있다

B.

1. 광고 체제의 문제라고 생각합니다
2. 한 나라의 운명을 결정하는 중요한 문제이다
3. 판매자가 물건을 팔기 위해 잘못된 정보를 줄 수도 있다는 뜻이다

7 읽고 쓰기 p.37

1. ②　　2. ③

Ⅷ. 의식주와 생활

1. 살고 싶은 집

1 어휘와 표현 p.40

1. 안방, 사랑방
2. 대청마루, 마당, 대문
3. 아궁이, 굴뚝
4. 장독대
5. 방바닥, 아랫목, 윗목

2 어휘와 표현 p.40

1. 습한
2. 아늑하고
3. 따끈한, 따끈한
4. 건조해서
5. 썰렁한
6. 미지근하게

3 어휘와 표현 p.41

1. 으슬으슬	하다, 시작하다
2. 슬슬	춥다, 떨리다
3. 영	생각이 나다, 기억이 나다
4. 그제야	자신이 없다, 맞지 않다
5. 오손도손	이야기하다, 지내다

1. 으슬으슬　2. 슬슬　3. 영
4. 그제야　5. 오손도손

4 문법과 표현 p.42
V-(으)려는지

A.

1. 형이 운동을 하려는지 운동화로 갈아 신었다
2. 청소를 하려는지 진공청소기를 가져왔다
3. 저녁 준비를 하시려는지 부엌으로 들어가신다
4. 어디를 가시려는지 아침 일찍부터 나갈 준비를 하신다

B.

1. 샌드위치를 사 오려는지
2. 나를 대접하려는지 / 나를 데려다 주려는지
3. 의논을 하려는지 / 식사를 하려는지

5 문법과 표현 p.43

V-기 십상이다

A.

1. 책상에 앉지 않고 엎드려서 책을 보다가는 눈이 나빠지기 십상이다
2. 주머니에 손을 넣고 걷다가는 넘어져 다치기 십상이다
3. 나중에 해야지 하다가는 잊어버리기 십상이다
4. 시간이 없다고 너무 서두르다가는 실수하기 십상이다

B.

1. 하고 싶은 말을 / 하고 싶은 말을 다(전부) 하다가는 결국 싸우기
2. 잊어버리기 십상이다 / 시간을 보내기 십상이다
3. 바로 끄고 다시 잠들기 십상이다 / 지각하기 십상이다

6 문법과 표현 p.44

A/V-거나 하다

A.

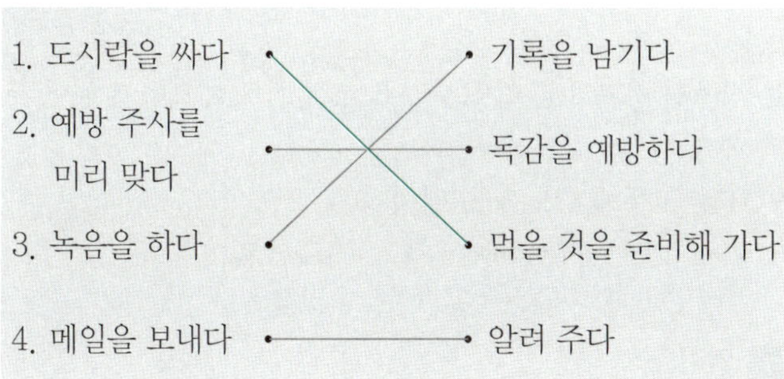

1. 거기는 식당이 없대요 / 도시락을 싸거나 해서 먹을 것을 준비해 가야 해요
2. 예방 주사를 미리 맞거나 해서 독감을 예방하는 게 좋겠어요
3. 녹음을 하거나 해서 기록을 남겨야 합니다
4. 메일을 보내거나 해서 알려 주세요

B.

1. 지금은 여름이니까 흰색이나 파란색으로 커튼을 하거나 해서 시원하게 꾸미면 좋을 것 같아요
2. 채소를 가꾸거나 해서 / 손님을 초대하거나 해서
3. 부엌에 작은 책상을 놓거나 해서 / 벽을 움직이거나 해서

7 읽기 p.46

1. ②　　2. ①
3. 온돌이 없으면 안 되는 상태가 된 것 같았다는 뜻
4. ②

2. 음식 여행, 비빔밥

1 어휘와 표현 p.48

1. 새콤한　　2. 매콤한, 달콤한
3. 구수하다　　4. 느끼해서
5. 얼큰한　　6. 고소한
7. 담백한

2 어휘와 표현 p.49

1. 껍질을 벗긴다 / 채를 썬 / 무친다
2. 재운 / 볶는다
3. 삶은 / 조린다
4. 데쳐서 / 채를 썬 / 부쳐서 / 다져서

3 어휘와 표현 p.50

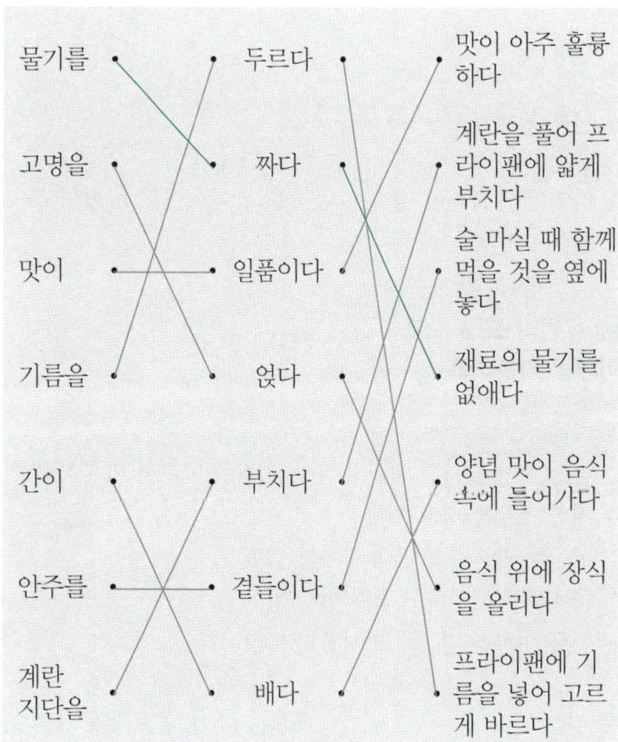

1. 물기를 짜야
2. 고명을 얹어야
3. 간이 배도록
4. 맛이 일품이네요
5. 기름을 두르고
6. 안주를 곁들여

4 문법과 표현 p.51
N 바람[열풍]이 불다

A.

1. 웰빙 •	• 연예인들의 해외 활동이 많아지다
2. 민주화 •	• 부동산 가격이 오르다
3. 한류 •	• 건강식품에 대한 관심이 높아지다
4. 아파트 재개발 •	• 정치 상황이 변화하다

1. 전국적으로 웰빙 바람이 불면서 건강식품에 대한 관심이 높아졌다
2. 민주화 바람이 불면서 정치 상황이 변화하고 있습니다
3. 한류 열풍이 불면서 연예인들의 해외 활동이 많아졌어요
4. 아파트 재개발 바람이 불면서 부동산 가격이 오르고 있다

B.
1. 스포츠 댄스, 스포츠 댄스
2. 금연 바람이 불면서 / 상금 타기 열풍이 불
3. 다이어트 열풍이 불고 있다 / 한방 다이어트 바람이 불고 있다

5 문법과 표현 p.52
N을/를 막론하고

A.
1. 경찰은 이번 사건 관련자에 대해 지위 고하를 막론하고 철저한 조사를 하고 있다
2. 여야를 막론하고 반대 의사를 밝혔다
3. 국내외를 막론하고 금지되어 있다
4. 이유 여하를 막론하고 허용되지 않는다

B.
1. 남녀노소를 막론하고 건강 관리에 가장 관심을 많이 가지는 것 같아요
2. 동서양을 막론하고
3. 국내외를 막론하고

6 문법과 표현 p.53
N 길이[깊이, 넓이, 두께, 크기]

A.

1. 고기 •	• 400㎠ 넓이
2. 종이 •	• 한 뼘 길이
3. 치마 •	• 5㎜ 두께
4. 땅 •	• 1m 깊이

1. 고기를 5㎜ 두께로 썰어서 양념에 재워 놓는다
2. 종이를 400㎠ 넓이로 잘라서 상자를 만들려고 한다
3. 치마를 한 뼘 길이 정도 줄여서 입었다
4. 땅을 1m 깊이로 파고 김장 항아리를 묻었다

B.
1. 장조림 / 고기 / 고기는 5~6cm 길이로 네모나게 썰어 두세요
2. 0.2cm 두께 / 2~3cm 길이
3. 가로 30cm, 세로 40cm 크기 / 15cm 깊이

7 읽기 p.54

1. ⓐ 삼계탕　ⓑ 해장국　ⓒ 미역국
2. ③　3. ②
4. 현대인들의 바쁜 생활에도 불구하고 국을 먹고 싶어 하는 사람이 많기 때문

3. 유행하는 옷

1 어휘와 표현 p.56

1) 개성적인　2) 파격적인　3) 활동적인
4) 실용적인　5) 보수적인

2 어휘와 표현 p.56

1. 격식을 차려야 하는
2. 유행을 타지
3. 세련돼
4. 복고풍이어서

3 어휘와 표현 p.57

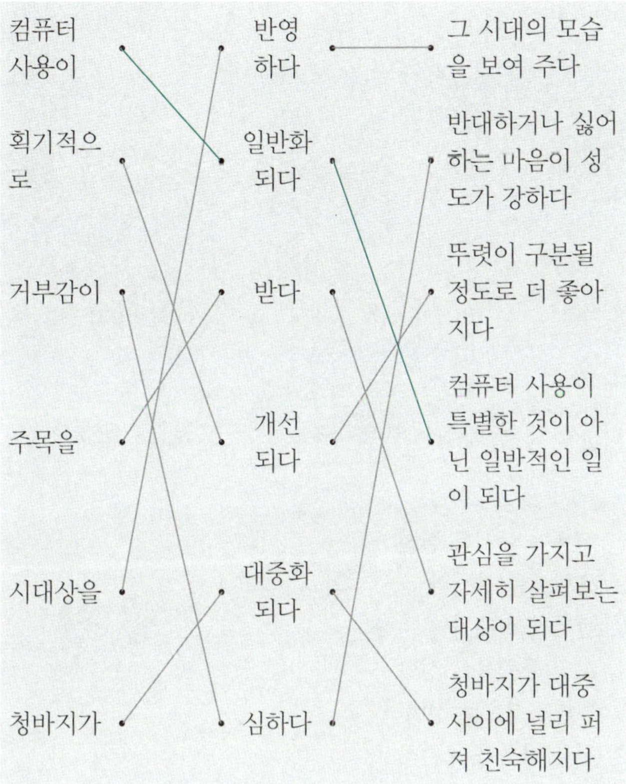

1. 컴퓨터 사용이 일반화됨
2. 청바지가 대중화되어
3. 주목을 받는다
4. 거부감이 심해서
5. 시대상을 반영하여
6. 획기적으로 개선되어

4 문법과 표현 p.58
N은/는 물론이거니와

A.

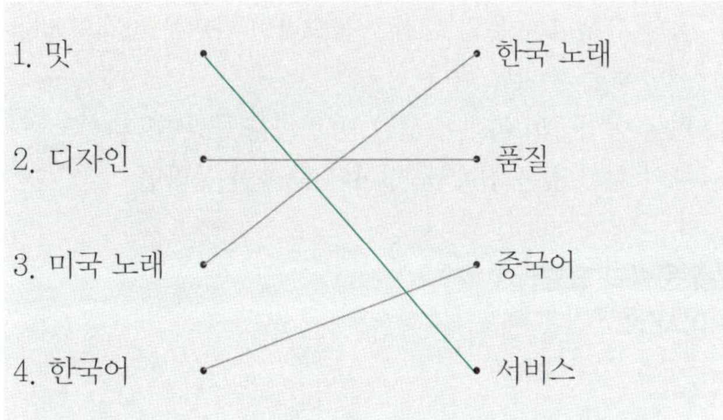

1. 새로 생긴 식당이 음식이 정말 맛있다면서요?
   맛은 물론이거니와 서비스도 최고예요 / 한번 꼭 가 보세요
2. 디자인은 물론이거니와 품질도 아주 뛰어나요
3. 미국 노래는 물론이거니와 한국 노래도 대단히 잘 불러요
4. 한국어는 물론이거니와 중국어도 잘해요

B.

1. 시계 / 디자인은 물론이거니와 성능에서도
2. 보온은 물론이거니와 방수도
3. 드라마는 물론이거니와 영화로도

5 문법과 표현 p.59
N을/를 말하라면[들라면, 꼽으라면]

A.

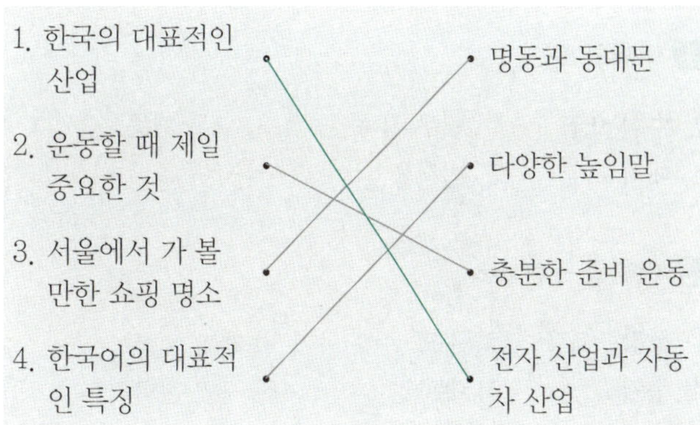

1. 한국의 대표적인 산업을 들라면 전자 산업과 자동차 산업을 꼽을 수 있다
2. 운동할 때 제일 중요한 것을 들라면 충분한 준비 운동이라고 할 수 있다
3. 서울에서 가 볼 만한 쇼핑 명소를 꼽으라면 명동과 동대문을 꼽을 수 있다
4. 한국어의 대표적인 특징을 말하라면 다양한 높임말이라고 할 수 있다

B.

1. 올해 유행하는 옷의 특징을 꼽으라면 가벼운 소재와 밝은 색깔을 들 수 있습니다
2. 한국 여성들의 복식에 생긴 큰 변화를 들라면
3. 내가 살고 싶은 집에 꼭 있어야 할 것을 들라면

6 문법과 표현 p.60

N이자 N

A.

1. 한국의 애국가는 작곡가이자 지휘자인 안익태 선생이 작곡했다
2. 희망이자 목표이다
3. 처음이자 마지막이었다
4. 한비야 씨는 여행가이자 작가로 활동하고 있다

B.

1. 인생의 동반자이자 후원자라고 생각해요
2. 경쟁자이자 동료이다
3. 정치 중심지이자 경제 중심지이다

Ⅸ. 도시와 환경

1. 살기 좋은 도시

1 어휘와 표현 p.66

1. 수질 오염 2. 인구 집중 3. 교통 체증
4. 대기 오염 5. 범죄율

2 어휘와 표현 p.67

1) 성장 2) 수도 3) 개발
4) 녹지 5) 수도권 6) 자연 친화적
7) 도심 8) 공청회

3 어휘와 표현 p.67

전용 차로제를	보존하다	환경에 어울리는 방향으로 고치고 정리하다
친환경적으로	실시하다	문화적 가치가 높은 물건을 원래대로 회복하다
시민 공원을	공존하다	전통 주택을 잘 보호하여 남기다
문화재를	정비하다	정해진 차로에 정해진 차량만 다닐 수 있게 하는 제도를 시행하다
전통 가옥을	조성하다	옛날 것과 지금 것이 같이 잘 존재하다
전통과 현대가	복원하다	공원을 만들다

1. 전용 차로제를 실시하
2. 문화재를 복원하
3. 전통과 현대가 공존하는
4. 시민 공원을 조성할
5. 친환경적으로 정비하
6. 전통 가옥을 보존하

4 문법과 표현 p.68

한편으로(는)

A.

1. 친구 결혼식에 꼭 참석하고 싶지만 한편으로는 너무 피곤해서 집에서 쉬고 싶다
2. 고향을 떠나게 되어 슬프지만 한편으로 새로운 생활에 대한 기대감에 가득 차 있다
3. 그 사람의 주장을 이해하지만 한편으로는 다른 사람들의 의견에도 일리가 있다고 생각한다

B.

1. 한편으로는 친구들과 헤어지게 되어 슬퍼요
2. 한편으로 규모가 작아서 아쉬웠다

V-는 한편

A.

1. 그 소년 가장은 낮에는 학교에서 공부하는 한편 밤에는 일하느라 고생을 한다
2. 서울시는 한강 변을 정비하는 한편 자전거 도로를 만들어
3. 이 일을 해결할 방법을 찾는 한편 도와줄 사람을 찾느라고 여기저기 전화하고 있다

B.

1. 공원을 늘리는 한편 큰 건물 옥상에는 반드시 정원을 만들도록 하고 있습니다
2. 생산성을 높이는 한편

N인 한편

A.

1. 어머니는 내 친구인 한편 내가 가장 존경하는 분이기도 하다
2. 서울은 한국의 수도인 한편 문화, 예술의 중심지이기도 하다
3. 이 도시는 친환경적인 도시인 한편 전통적인 도시이기도 하다

B.

1. 가장 큰 어려움인 한편
2. 매우 비싼 한국 음식 중의 하나이다

5 문법과 표현 p.71

V-아/어 내다

A.

1. 병의 원인을	찾다
2. 새로운 에너지를	이기다
3. 암을	막다
4. 상대 선수들의 공격을	밝히다

1. 병의 원인을 밝혀내기 위해 많은 과학자들이 연구하고 있다
2. 새로운 에너지를 찾아내기
3. 암을 이겨 내기
4. 상대 선수들의 공격을 막아 내기

B.

1. 생각해 낼게요
2. 찾아낸다
3. 만들어 냈다

6 문법과 표현 p.72

A-(으)ㄴ/V-는 만큼

A.

1. 국제결혼을 하는 사람이 늘고 있는 만큼 결혼이주여성을 위한 정부의 지원도 늘려야 한다
2. 대기 오염 문제를 해결하려고 노력하고 있는 만큼 곧 대기 오염 문제가 해결될 전망이다
3. 세계 경제가 빠르게 회복되고 있는 만큼 우리나라의 경제도 곧 나아질 것 같다

B.

1. 경제 상황이 안 좋은 만큼 직원들도 이해해 주리라 믿습니다
2. 발전하는 만큼
3. 약속한 만큼

N인 만큼

A.

1. 내가 우리 집의 장남인 만큼 동생들을 잘 돌봐 줘야 한다
2. 국제 문화 교류 행사인 만큼 외국인들이 많이 참여할 수 있도록 해야 한다
3. 제일 비싼 컴퓨터인 만큼 성능도 제일 뛰어나다

B.

1. 수지 씨 생일인 만큼 수지 씨가 하고 싶어 하는 것을 해요
2. 수도였던 만큼
3. 휴식 공간인 만큼

2. 서울 돌아보기

1 어휘와 표현 p.76

1. 사람들의 발길이 끊이지 않는다
2. 한눈에 볼 수 있었다
3. 인파로 붐빈다

4. 자리를 잡은 것 같다
5. 즐비하다

2 어휘와 표현 p.76

규모를	특이하다	가 보면 좋을 곳을 말해 주다
양이	확장하다	모양이 특별하고 다른 것과 다르다
모양이	추천하다	양이 충분하고 많다
가 볼 만한 곳을	푸짐하다	크기를 더 크게 하다

1) 가 볼 만한 곳을 추천해
2) 규모를 확장해서
3) 모양이 특이한
4) 양이 푸짐했다

3 어휘와 표현 p.77

1. 명소 2. 먹자골목 3. 야외 공연장
4. 의류 시장 5. 골동품 거리 6. 전자 상가

4 문법과 표현 p.78

A/V-다고 해도 과언이 아니다

A.
1. 시민에게 휴식과 위로를 주는 숲은 도시의 생명이라고 해도 과언이 아니다
2. 개는 인간의 친구라고 해도 과언이 아니다
3. 이 제품이 우리 회사를 살렸다고 해도 과언이 아닙니다
4. 그 사람이 가장 정직한 사람이었다고 해도 과언이 아닐 것이다

B.
1. 다 했다고 해도 과언이 아니에요
2. 하나의 거대한 콘크리트 숲이 되었다고 해도 과언이 아니었다
3. 눈을 감아도 훤히 보인다고 해도 과언이 아니다 / 어머니와 같은 곳이라고 해도 과언이 아니다

5 문법과 표현 p.80

N이/가 눈길을 끌다

A.

1. 활짝 핀 봄꽃	관람객
2. 독특한 포장	시민들
3. 흥미 있는 제목	소비자
4. 100년 전 서울의 모습 사진들	독자들

1. 한강 시민 공원의 활짝 핀 봄꽃이 시민들의 눈길을 끌고 있다
2. 독특한 포장이 소비자의 눈길을 끌고 있다
3. 흥미 있는 제목이 독자들의 눈길을 끈다
4. 100년 전 서울의 모습 사진들이 관람객의 눈길을 끌고 있다

B.
1. 오래된 도자기가 눈길을 끄네요
2. 다양한 행사들이 눈길을 끈다
3. 화려한 표지가 눈길을 끄는 / 한국 화가들의 작품이 눈길을 끌었다

6 문법과 표현 p.81

(V-(으)ㄹ 겸) V-(으)ㄹ 겸 (해서)

A.
1. 차비도 아끼고 운동도 할 겸 해서 학교까지 걸어 다니고 있어요
2. 한국 문화도 배우고 한국 친구도 사귈 겸 해서
3. 경험도 쌓고 돈도 벌 겸 해서

B.
1. 외국어도 배울 겸 여행도 할 겸 해서
2. 산책도 할 겸 사진도 찍을 겸 / 일도 할 겸 휴식도 할 겸

N 겸 N

A.
1. 10년 전 가수로 데뷔한 그는 요즘 가수 겸 배우로 많은 활동을 하고 있다
2. 휴가 겸 주말여행을 떠날 계획이다
3. 거실 겸 서재로 사용하고 있다

B.
1. 아침 겸 점심을 먹었어요
2. 편의 시설 겸 학생들의 체험 학습 공간

7 읽기 p.83

1. ① 2. ③
3. ② 4. ①

X. 관념의 세계

1. 삶과 운명

1 어휘와 표현 p.86

1. 궁합을 봤다가
2. 사주를 보는
3. 운명적인
4. 점을 치러
5. 관상을 보는

2 어휘와 표현 p.87

1) 미신 2) 고민거리 3) 점쟁이
4) 한심하게 5) 경멸하기 6) 신기하게
7) 우연의 일치

3 어휘와 표현 p.87

잘못을	되다	수단이나 방법으로 여기다
호기심이	지적하다	마음에 위로가 되다
위안이	삼다	관심이나 주의를 집중하다
방편으로	생기다	틀린 행동을 집어서 가리키다
초점을	두다	일고 싶은 마음이 생기다

1. 잘못을 지적하는
2. 초점을 두다가
3. 위안이 된다
4. 방편으로 삼으려는
5. 호기심이 생겨서

4 문법과 표현 p.88
A-기 짝이 없다

A.

1. 지각을 하다	기분이 나쁘다
2. 반말을 하다	기쁘다
3. 궁합이 좋다	아쉽다
4. 아깝게 1등을 놓치다	창피하다

1. 모두 일찍 왔는데 나만 지각을 해서 창피하기 짝이 없었다
2. 그 사람을 처음 만났는데 반말을 해서 기분이 나쁘기 짝이 없었다
3. 남사 진구와 궁합을 봤는데 궁합이 좋다고 해서 기쁘기 짝이 없었다
4. 열심히 노력했지만 아깝게 1등을 놓쳐서 아쉽기 짝이 없었다

B.
1. 정말 신기하기 짝이 없더군요
2. 무섭기 짝이 없었다
3. 힘들기 짝이 없는

5 문법과 표현 p.89
N(이)니 N(이)니 하다

A.
1. 사람들은 산이니 바다니 하며 휴가 계획을 세우는데 나는 몸이 아파서 아무 데도 못 간다
2. 궁합이니 사주니 하며 점을 보는 사람들이 있는데 이러한 것은 필요 없는 일이라고 생각한다
3. 영어니 컴퓨터니 하며 준비하고 있는데 나는 아르바이트 하느라고 시간이 없어서 꿈도 꿀 수 없다
4. 직업이니 경제력이니 하는데 나는 무엇보다도 성격이 중요하다고 생각한다

B.
1. 돈이니 명예니 하는데 제가 생각하기에는 건강이 제일 중요한 것 같아요

2. 청계천이니 인사동이니
3. 관상이니 사주니

6 문법과 표현 p.90
N 여부

A.
1. 제주도 여행에 대한 찬반 여부를 다음 주까지 알려 주시기 바랍니다
2. 시험을 본 후에 합격 여부가
3. 자동차 10부제의 실시 여부를
4. 다음 주 금요일 12시에 전체 회의를 하려고 합니다 / 선생님들께서는 참석 여부를 알려 주시기 바랍니다

B.
1. 참석 여부
2. 흡연 여부
3. 성공 여부

2. 세상을 보는 눈

1 어휘와 표현 p.92

1. 선입견　2. 관점　3. 문제의식
4. 사고방식　5. 고정 관념　6. 발상의 전환
7. 세계관

2 어휘와 표현 p.93

1) 사소한　2) 애쓰지　3) 드러내기
4) 기가 막힐　5) 대수롭지 않은

3 어휘와 표현 p.93

1. 평면　2. 현상　3. 시각
4. 실체　5. 삼차원

4 문법과 표현 p.94
V-다시피 하다

A.
1. 친구가 늦게 와서 나 혼자 일을 다 하다시피 했다
2. 할머니가 우리 형제들을 다 키우다시피 하셨다
3. 할 일이 많은데도 매일 게임만 하다시피 했다
4. 매일 점심을 굶다시피 하고 있다

B.
1. 매일 도서관에서 살다시피 하고 있어요
2. 밤을 새우다시피
3. 도배하다시피 / 출근하다시피 했었다

5 문법과 표현 p.95
A/V-(으)ㄴ 나머지

A.
1. 가족을 못 만난 지 오래되어서 너무 그리운 나머지 날마다 꿈을 꾼다
2. 섭섭한 나머지 눈물이 났다
3. 긴장한 나머지 다른 사람 자리에 앉는 실수를 했다
4. 화가 난 나머지 그 자리에서 일어나서 나왔다

B.
1. 저는 너무 슬픈 나머지 결국 울고 말았어요
2. 놀란 나머지 / 당황한 나머지
3. 사로잡힌 나머지

6 문법과 표현 p.96
A/V-(으)ㄹ 법하다

A.

1. 날씨가 많이 따뜻해지다	벌써 도착하다
2. 놀라운 일이다	꽃이 피다
3. 한 시간 전에 떠나다	뉴스에나 나오다
4. 한 시간이나 늦게 오다	화가 나다

1. 봄이 되니까 날씨가 많이 따뜻해졌죠?
   네. 이런 날씨면 꽃이 필 법한데 올해는 아직 안 피네요
2. 놀라운 일이네요 / 뉴스에나 나올 법한 일이네요
3. 한 시간 전에 떠났는데 / 벌써 도착했을 법한데 이상하네요
4. 한 시간이나 늦게 왔어요 / 화가 날 법하네요

B.
1. 나올 법한데 아직 안 나오네요
2. 경험해 봤을 법한
3. 해 봤을 법한 / 꿈꿔 보지 않았을 법한

7 읽고 쓰기 p.99

1. ⓐ 살구색　　ⓑ 한부모 가정　　ⓒ 비장애인
2. ②

XI. 역사의 발자취

1. 한강에 얽힌 역사

1 어휘와 표현 p.102

1. 확장하는　　2. 추진해
3. 주도권을 잃고　　4. 발달하였다
5. 지배하려고　　6. 교류하며

2 어휘와 표현 p.103

제도를	통과하다	정치를 하기 위한 방법을 만들다
지리적으로	정비하다	실제가 아닌 어떤 상황이 생겼다고 생각하다
관문을	마련하다	반드시 지나야 하는 문을 지나다
정책을	유리하다	법, 관습 등을 잘 다듬다
경우를	가정하다	위치나 길의 사정이 다른 곳보다 좋다

1. 제도를 정비할
2. 정책을 마련하는
3. 관문을 통과했다
4. 지리적으로 유리한
5. 경우를 가정하여

3 어휘와 표현 p.104

1) 문명　　2) 이점　　3) 건국
4) 여건　　5) 충돌　　6) 위협
7) 통일　　8) 멸망

4 문법과 표현 p.104
N을/를 바탕으로

A.
1. 감독은 몇 년 전에 나온 같은 이름의 소설을 바탕으로 하여 이 영화를 만들었다
2. 앞선 기술력을 바탕으로 커다란 성공을 이루었다
3. 풍부한 상상력을 바탕으로 미래 산업을 이끌어 갈 수 있을 것이다
4. 많은 경험을 바탕으로 새로운 교육 프로그램을 만들어냈다

B.
1. 이 드라마는 원작 소설을 바탕으로 거의 그대로 만들어졌대요
2. 역사적 사실을 바탕으로
3. 태권도를 바탕으로 / 한국의 전통 무술을 바탕으로

5 문법과 표현 p.106
V-고 말다

A.

몸살이 나다	포기하다
값이 너무 비싸다	눕다
너무 슬프다	가방을 떨어뜨리다
깜짝 놀라다	울다

1. 무리하게 운동한 탓에 결국 몸살이 나서 눕고 말았다
2. 깜짝 놀라서 가방을 떨어뜨리고 말았다
3. 너무 슬퍼서 울고 말았다
4. 값이 너무 비싸서 포기하고 말았다

B.
1. 결국 그만두고 말았어요
2. 나라들이 결국 망하고 마는 것을 많이 볼 수 있다
3. 비극으로 끝나고 만다 / 목숨을 끊고 말았다

6 문법과 표현 p.107
이상에서[위에서, 앞에서] 본[말한, 이야기한] 바와 같이

A.
1. 이상에서 본 바와 같이 종교는 역사의 일부라고 할 수 있

다
2. 앞에서 말한 바와 같이 역사는 과거와 현재의 대화라고 할 수 있다
3. 위에서 본 바와 같이 경복궁은 우리 민족에게 특별한 의미가 있는 공간이다
4. 위에서 이야기한 바와 같이 이 책은 실제 자료를 바탕으로 해서 쓰인 책이다

B.
1. 앞에서 본 바와 같이 농사가 잘되면 생활에 여유가 생겨 문화가 발달하게 되는 겁니다
2. 위에서 살펴본 바와 같이 한강 유역은 각국의 흥망과 깊은 관계가 있을
3. 이상에서 말한 바와 같이 얼굴은 사람의 건강을 말해

2. 이야기 속 인물

1 어휘와 표현 p.110

1. 열중해서　　2. 모범을 보이는
3. 소중하게 여기는　　4. 중시하는
5. 힘쓰신　　6. 무시하고

2 어휘와 표현 p.111

1. 관대한　　2. 지혜롭게　　3. 엄격한
4. 강직한　　5. 고지식하다　　6. 유능한
7. 자상하기　　8. 검소하시다　　9. 융통성이 있게

3 어휘와 표현 p.112

1) 다투는　　2) 함부로　　3) 고단하여
4) 꾸벅꾸벅 졸고　　5) 어이가 없어진

4 문법과 표현 p.113
V-(으)ㄴ 후에야 (비로소)

A.
1. 우리는 전통을 잃어버린 후에야 비로소 소중함을 알게 되는 것 같다
2. 시간이 지난 후에야 비로소 지금의 노력이 빛을 볼 수 있을 것이다
3. 가족들이 모두 집에 들어온 후에야 잠자리에 드셨다
4. 사랑하는 사람이 떠난 후에야 그 사람의 사랑을 깨달았다

B.
1. 나온 후에야 정할 수 있습니다
2. 세상을 떠난 후에야 비로소 많은 사람들의 인정을 받게 된다
3. 아침이 된 후에야 비로소

5 문법과 표현 p.114
A/V-(으)ㄴ들

A.
1. 사람들이 책을 읽지 않는데 도서관에 좋은 책이 많은들 무슨 소용이 있겠어요?
2. 마감 시간이 다 되었는데 지금 서두른들 끝낼 수 있겠어요?
3. 건강을 잃는다면 아무리 재산이 많은들 무슨 소용이 있을까요?
4. 실천을 안 하면 훌륭한 계획을 세운들 무슨 소용이 있을까요?

B.
1. 안 가기로 이미 마음을 먹었는데 제가 가서 이야기한들 소용이 있겠어요?
2. 돈이 많은들
3. 후회를 한들

6 문법과 표현 p.115
A-(으)ㄴ/V-는 법이다

A.

1. 즐거운 일이 있다 •	• 가족 생각이 나다
2. 몸이 아프다 •	• 슬픈 일도 있다
3. 계속 노력하다 •	• 성공하다
4. 같은 잘못을 자꾸 하다 •	• 화가 나다

1. 인생에서 즐거운 일이 있으면 또 슬픈 일도 있는 법이다
2. 몸이 아프면 누구나 가족 생각이 나는 법이다
3. 계속 노력하면 결국 성공하는 법이다
4. 같은 잘못을 자꾸 하면 화가 나는 법이다

B.
1. 그러다 보면 결국 좋은 점수를 얻는 법이에요
2. 봄이 가면 여름이 오는 법이고 / 여름이 가면 가을이 오는

법이다 / 시간의 흐름을 거역할 수 없는 법이다
3. 결과가 나오는 법이다

3. 여행으로 만나는 세상

1 어휘와 표현 p.118

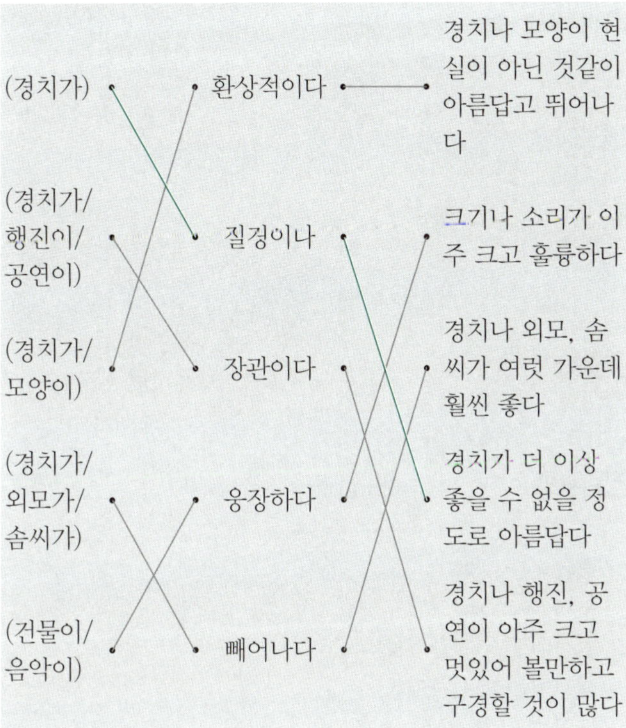

1. 절경이다(장관이다)
2. 빼어나다
3. 환상적이었다
4. 장관이었다
5. 웅장했다

2 어휘와 표현 p.119

1) 유적지 2) 문화재 3) 걸작
4) 민속 5) 건축물 6) 휴양지

3 어휘와 표현 p.119

1. 흥미로운
2. 감동적이어서
3. 인상적이었냐고
4. 감탄하지
5. 감회가 새롭다
6. 정취를 느낄
7. 마음을 사로잡았기
8. 기억에 남는
9. 가슴에 남아서

4 문법과 표현 p.121

A/V-되

A.
1. 불고기를 맛있게 만들려면 어떻게 해야 돼요?
   양념에 재우되 30분 이상 두어야 해요
2. 한국어를 빨리 배우려면 어떻게 하면 좋습니까?
   한국 사람과 많이 이야기를 하되 배운 단어를 충분히 사용하도록 노력하세요
3. 다양한 문화를 많이 접하려면 어떻게 하는 것이 좋습니까?
   여행을 많이 하되 여행을 하는 동안 다양한 사람들을 만나는 게 좋아요
4. 시험을 잘 보려면 어떻게 공부해야 합니까?
   배운 것을 모두 복습하되 중요한 것을 중심으로 공부하는 게 좋아요

B.
1. 9시까지 사용하되 끝난 후에는 잘 정리하도록 해요
2. 9월 16일까지 신청하되 반드시 인터넷을 통해 신청해야 한다
3. 민박을 하되 관광 안내 센터에서 추천하는 곳에서 하는 것이 좋다

5 문법과 표현 p.122

V-노라면

A.
1. 그 음악은 우리 나라 음악과 비슷해서 듣고 있노라면 고향 생각이 난다
2. 각 나라마다 문화와 사고방식이 달라서 세계를 여행하노라면 더 넓은 시각을 가질 수 있게 된다
3. 담배에는 중독성이 있어서 조금씩 피우노라면 나중에는 도저히 끊을 수가 없게 된다
4. 그 여자는 성격이 좋아서 자주 만나노라면 더 친해지게 될 것이다

B.

1. 자꾸 먹노라면 점점 익숙해지고 좋아하게 될 거라고 했다
2. 지나노라면 예전 추억이 되살아나서 가슴이 아프다
3. 공부하노라면 어느 순간 실력이 부쩍 는 것을 느끼게 될 것이다.

6 문법과 표현 p.123

N은/는 A/V-(으)ㅁ을 말해 주다[보여 주다, 알려 주다, 나타내다]

A.

1. 페트병 밑의 삼각형 표시	일이 잘못되다
2. 지하철의 노약자석 표시	노인과 임산부를 위한 자리이다
3. 그 사람의 어두운 표정	가을이 다가왔다
4. 아침저녁으로 선선한 날씨	재활용품이다

1. 페트병 밑의 삼각형 표시는 이 페트병이 재활용품임을 보여 준다
2. 지하철의 노약자석 표시는 그 자리가 노인과 임산부를 위한 자리임을 나타낸다
3. 그 사람의 어두운 표정은 일이 무엇인가 잘못되었음을 보여 준다
4. 아침저녁으로 선선한 날씨는 어느새 가을이 다가왔음을 말해 준다

B.

1. 그 상품이 다 팔렸음을 나타내는 말이에요
2. 바다가 멀지 않음을 말해 주고 있었다
3. 기분 나쁜 일이 있었음을 나타낸다

7 읽기 p.125

1. ② 2. ③ 3. ③

XII. 과학과 미래

1. 과학 기술과 윤리

1 어휘와 표현 p.128

삶의 질을	얻다	사람으로서 가지는 높고 엄숙한 가치를 손상하다
해결책을	높이다	해결할 방법을 내놓다
동의를	낳다	어떤 행위에 대해 다른 사람의 찬성을 얻다
인간의 존엄성을	제시하다	생활 환경 등을 개선하여 생활 수준을 더 높게 만들다
우려를	훼손하다	걱정을 하게 만들다

1. 삶의 질을 높이기
2. 인간의 존엄성을 훼손하는
3. 해결책을 제시하지
4. 동의를 얻어야
5. 우려를 낳고

2 어휘와 표현 p.129

1) 혜택 2) 해결책 3) 부작용
4) 우려 5) 위험성

3 어휘와 표현 p.129

1. 생명 경시
2. 인권 침해
3. 인권 존중
4. 생명 윤리
5. 생명의 존엄성

4 문법과 표현 p.130

N에 대한 논란이 있다[뜨겁다/일다],
A-(으)ㄴ가/V-는가에 대한 논란이 있다[뜨겁다/일다]

A.

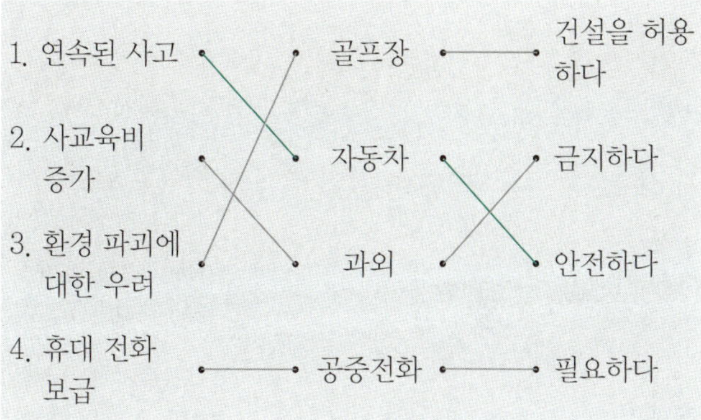

1. 연속된 사고로 새로 개발된 자동차가 안전한가에 대한 논란이 일고 있다 / 연속된 사고로 새로 개발된 자동차의 안전에 대한 논란이 일고 있다
2. 사교육비 증가로 과외를 금지해야 하는가에 대한 논란이 일고 있다 / 사교육비 증가로 과외 금지에 대한 논란이 일고 있다
3. 환경 파괴에 대한 우려로 골프장 건설을 허용해야 하는가에 대한 논란이 뜨겁다 / 환경 파괴에 대한 우려로 골프장 건설 허용에 대한 논란이 뜨겁다
4. 휴대 전화 보급으로 공중전화가 필요한가에 대한 논란이 있다 / 휴대 전화 보급으로 공중전화의 필요성에 대한 논란이 있다

B.

1. 인간 복제 연구의 허용에 대한 논란이
2. 사형 제도의 폐지에 대한 논란이 있어 왔습니다
3. 진품인가에 대한 논란이 뜨거운

5 문법과 표현 p.131

A/V-다는 지적이 있다[많다]

A.

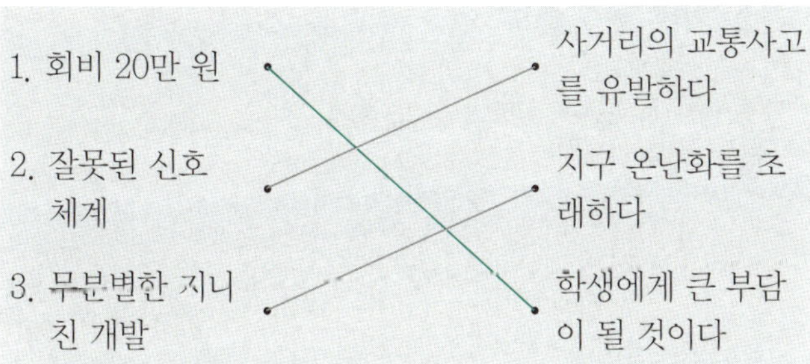

1. 회비 20만 원은 학생에게 큰 부담이 될 것이라는 지적이 있다
2. 잘못된 신호 체계가 사거리의 교통사고를 유발하고 있다는 지적이 있다
3. 무분별한 지나친 개발이 지구 온난화를 초래한다는 지적이 많다

B.

1. 부동산 투기가 이번 경기 불황을 초래했다는 지적이 많습니다
2. 재산권을 침해하는 일이라는 지적이 있지만

A/V-다는 점을 지적하다

A.

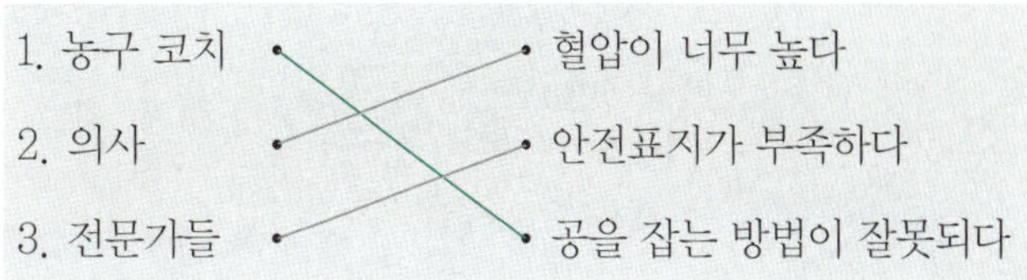

1. 농구 코치는 내가 농구하는 모습을 보고 공을 잡는 방법이 잘못됐다는 점을 지적했다
2. 의사는 내 검사 결과를 보고 혈압이 너무 높다는 점을 지적했다
3. 전문가들은 사고 현장을 보고 안전표지가 부족하다는 점을 지적했다

B.

1. 운동량이 부족하다는 점을 지적하고
2. 청결하지 않다는 점을 지적하고

6 문법과 표현 p.133

A/V-다는 점을 인정하다[부인할 수 없다]

A.

1. 폭설에 대한 준비 부족이 교통마비를 초래했다는 점을 인정해야 한다
2. 지나친 경쟁이 사교육비 증가를 가져왔다는 점을 부인할 수 없다
3. 인간 복제가 인간의 존엄성을 침해할 수 있다는 점을 부인할 수 없다
4. 외국어 공부가 다른 문화에 대한 이해심을 깊게 해 준다는 점을 인정해야 한다

B.
1. 제일 컸다는 점을 인정해야 한다고 생각합니다
2. 친절하다는 점은 부인할 수 없다
3. 든든한 존재라는 점은 부인할 수 없을 것이다

2. 생활 속의 발명품

1 어휘와 표현 p.136

가격	하는 일, 역할, 작용	
기능	값	300L, 500L, 800L, ……
기술력	어떤 것을 만드는 데 쓰이는 재료	온도 조절, 시간 안내, ……
소재	유용한 것을 개발,처리하는 능력	7만 2천 원, 199,000원, ……
실용성	쓰이는 곳	삼성, 현대, LG, ……
용도	실제로 쓸모가 있음, 그런 특성	플라스틱, 강철, ……
용량	제품을 만든 회사	가정용, 업소용, 산업용, ……
제조사	들어갈 수 있는 물건의 양	

1. 가격　2. 기술력　3. 소재
4. 기능　5. 제조사　6. 용량
7. 용도　8. 실용성

2 어휘와 표현 p.137

1) 가전　2) 통신　3) 추세
4) 보급률　5) 화질　6) 영상
7) 발명품　8) 시행착오

3 어휘와 표현 p.138

획기적으로	보이다	기계의 기능이 더 좋게 고쳐지다
신선도를	바꾸다	신선한 정도를 계속되게 하다
다용도로	개선되다	처음 사람들에게 보여 주다
첫선을	유지하다	새로운 시대가 열릴 만큼 다르게 바꾸다
성능이	추구하다	많은 용도로 잘 사용하다
시간에	활용하다	시간 때문에 뭔가 하지 못하거나 방해를 받다
편리함을	구애를 받다	편리한 것을 바라고 구하다

1. 획기적으로 바꾸지
2. 성능이 개선된
3. 시간에 구애를 받지
4. 첫선을 보일
5. 신선도를 유지하기
6. 편리함을 추구하다
7. 다용도로 활용할

4 문법과 표현 p.139

N은/는 물론이려니와

A.

1. 디자인이 뛰어나다	다른 사람에게도 좋은 영향을 미치다
2. 자신에게 좋은 영향을 미치다	돈이 부족하다
3. 시간이 없다	성능도 뛰어나다
4. 앞으로의 상황을 예측할 수 없다	대비책도 마련할 수 없다

1. 이 자동차는 디자인은 물론이려니와 성능도 매우 뛰어나다

2. 자신은 물론이려니와 다른 사람에게도 좋은 영향을 미친다
3. 시간이 없음은 물론이려니와 돈이 부족한 것도 문제다
4. 앞으로의 상황을 예측할 수 없음은 물론이려니와 대비책도 마련할 수 없을 것이다

B.
1. 고기 맛은 물론이려니와 반찬도 아주 맛있네요
2. 언니의 고통은 물론이려니와 동생의 고통
3. 냉난방비는 물론이려니와 전기 요금

5 문법과 표현 p.140
V-기 나름이다

A.
1. 어떻게 하면 행복하게 살 수 있을까요?
   그건 자기가 마음먹기 나름이지요
2. 영어 성적이 오를까요?
   자기가 공부하기 나름이에요
3. 자동차를 오래 탈 수 있을까요?
   본인이 관리하기 나름입니다
4. 성공할 수 있을까요?
   그건 본인이 노력하기 나름이에요

B.
1. 인생을 즐겁게 사는 건 자기가 생각하기 나름인 것 같아요
2. 정하기 나름이다
3. 우리가 그것을 사용하기 나름이라고

6 문법과 표현 p.141
V-는 추세이다

A.
1. 요즘 젊은 사람들 중에 독신자가 늘어나는 추세이다
2. PC의 하드 디스크 용량이 최근에는 몇 배를 넘는 추세이다
3. 채식주의자의 증가로 육류 소비가 줄어드는 추세입니다
4. 요즘 전자 제품 소비자들은 과거에 비해 오히려 단순한 기능을 선호하는 추세입니다

B.
1. 전기는 물론이려니와 식물성 기름도 많이 연구되는 추세입니다
2. 높아지고 있는 추세이다
3. 증가하고 있는 추세이다

7 읽기 p.143

1. ③　　2. ①　　3. ②
4. 생활에 여유도 생기고 스트레스도 많이 풀렸다

XIII. 문학의 향기

1. 옥상의 민들레꽃

1 어휘와 표현 p.146

1. 섭섭한　　2. 싫증 난다　　3. 답답한지
4. 홀가분한　　5. 속상한지　　6. 부끄럽다고

2 어휘와 표현 p.147

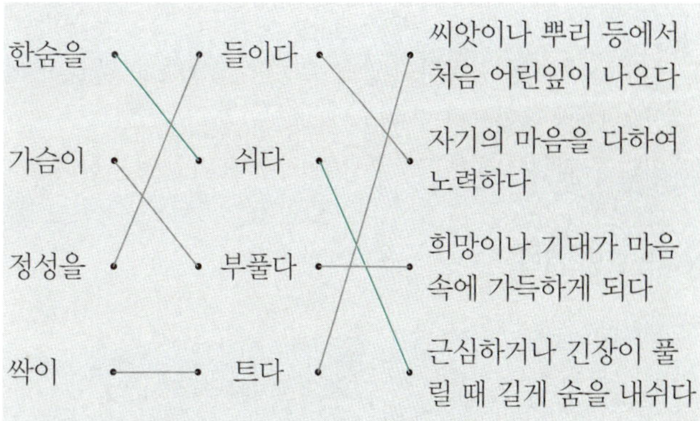

1. 한숨을 쉬신다
2. 가슴이 부풀어
3. 싹이 텄다고 한다
4. 정성을 들여야

3 어휘와 표현 p.148

1) 필자　　2) 장편 소설　　3) 독자
4) 작가　　5) 주제　　6) 줄거리
7) 등장인물

4 어휘와 표현 p.149

1) 남부럽지　　2) 허겁지겁
3) 신통하다고(신통하다며)　　4) 어버이날

5) 정성을 들여　　　　6) 장만해서

5 문법과 표현 p.149

A/V-았으면/었으면 하다

A.

1. 아이가 그림에 재능이 있다	꼭 한번 만나 뵙고 싶어요
2. 시간이 많지 않다	나중에 화가가 되기를 바랍니다
3. 기회가 되다	조금 서둘렀으면 좋겠습니다

1. 아이가 그림에 재능이 있어서 나중에 화가가 되었으면 합니다
2. 시간이 많지 않으니 조금 서둘렀으면 합니다
3. 기회가 되면 꼭 한번 만나 뵈었으면 해요

B.

1. 선수들이 너무 긴장하지 말고 그동안 연습해 온 대로만 최선을 다해 주었으면 합니다
2. 의사가 되었으면 했다 / 훌륭한 가수가 되었으면 한다고

N이었으면 하다

A.

1. 이렇게 힘든 일은	약속을 잘 지키는 사람이기를 바란다
2. 여기서 잠든 후에	한 번뿐이기를 바랍니다
3. 우리 아이들은	깨어나는 곳은 고향 집이었으면 좋겠어요

1. 이렇게 힘든 일은 한 번뿐이었으면 합니다
2. 여기서 잠든 후에 깨어나는 곳은 고향 집이었으면 해요
3. 우리 아이들은 약속을 잘 지키는 사람이었으면 한다

B.

1. 비싸지 않아도 괜찮으니 마음이 담긴 선물이었으면 해요
2. 소중한 인연이었으면 해요 / 인생의 동반자였으면 해요

6 문법과 표현 p.151

N(이)라고는

A.

1. 김 선생님 댁에는 아들이 네 명이다 / 딸이라고는 한 명도 없다
2. 가게라고는 슈퍼마켓 하나밖에 없다
3. 반찬이라고는 김치와 깍두기뿐이다

B.

1. 한가한 생활이라고는
2. 학생의 목소리라고는 / 1주일 정도 연습한 실력이라고는

A/V-다고는

A.

1. 날씨가 풀렸지만 아직 봄이 왔다고는 할 수 없다
2. 아파트 가격이 내렸지만 그래도 싸다고는 할 수 없다
3. 감기가 많이 나았지만 완전히 회복되었다고는 할 수 없다

B.

1. 유치하지
   유치하다고는
2. 언제까지나 이렇게 살 것이라고는(살리라고는)

7 문법과 표현 p.153

A/V-(으)련만

A.

1. 서로서로 도와주면 쉽게 할 수 있으련만 그게 잘 안 되는군요
2. 자식들이 가까이 살면 부모님을 자주 찾아뵈련만
3. 평소에 조금씩 공부를 해 두었으면 시험 때 힘들지 않으련만
4. 조금이라도 시간을 낼 수 있으면 운동을 할 수 있으련만

B.

1. 회사 일을 자기 일처럼 해 준다면 좋으련만 그렇지 않다는 게 가장 힘듭니다
2. 더 많은 뜻깊은 일을 하셨으련만
3. 집안일을 좀 도우면 좋으련만 / 얼른 퇴원하시면 좋으련만

집필

최은규　서울대학교 국어국문학과 박사
서울대학교 언어교육원 한국어교육센터 대우부교수

정인아　상명대학교 한국학과 박사
서울대학교 언어교육원 한국어교육센터 대우조교수

함창덕　한양대학교 미국학과 석사
서울대학교 언어교육원 한국어교육센터 대우조교수

김민애　서울대학교 국어교육과 박사 수료
서울대학교 언어교육원 한국어교육센터 대우부교수

안경화　서울대학교 언어학과 박사
서울대학교 언어교육원 한국어교육센터 대우부교수